5 SCHRITTE ZU EINER ERFOLGREICHEN SOCIAL MEDIA STRATEGIE

Kathrin Benedikt

Impressum
1. Auflage Januar 2020
ISBN 9781677572021

KaBe Media GmbH
Südliche Münchner Straße 55
82031 Grünwald

0176 66880320
hallo@kathrin-benedikt.de
www.kathrin-benedikt.de

WIDMUNG

*Dieses Buch widme ich meiner wundervollen Familie,
die bedingungslos hinter mir und jeder meiner
Entscheidungen steht.*

INHALT

ÜBER DIE AUTORIN

Kathrin Benedikt ist am 19.11.1990 in Landsberg am Lech geboren und ganz in der Nähe in einem kleinen Dorf, mit ihren liebevollen Eltern und zwei Schwestern aufgewachsen.

Schon im sehr jungen Alter von nur 19 Jahren hat sie neben ihrem bodenständigen Job im kaufmännischen Bereich ihr erstes Unternehmen gegründet und erfolgreich aufgebaut.

Nach und nach ist die Liebe und Faszination für das Thema Marketing und Selbstvermarktung gewachsen. Der Erfolg in ihrem Business hat sich nach über zwei Jahren harter Arbeit und vielen Lernprozessen ausbezahlt. In einem kurzen Abstand hat sie nacheinander zwei Kapitalgesellschaften gegründet wovon eine die angesehene Marketingagentur KaBe Media GmbH mit Firmensitz in München/ Grünwald ist.

Mit der Strategie der Selbstvermarktung für sich und namhafte Kunden auf der ganzen Welt setzt sie ein klares Statement. Die Farbe rot in ihren Social Media Kanälen ist ihr Markenzeichen und Alleinstellungsmerkmal.

Alle reden von Marketing, welches besonders sein soll - sie setzt dies mit einer klaren Linie um.

Neben zahlreichen Kooperationen mit bekannten Brands, vermittelt Kathrin in ihrem Alltag durch Workshops in Firmen ihr Wissen zum Thema Social Media und verleiht durch ihre kreative Arbeitsweise den Unternehmen ein einzigartiges Gesicht.

Wenn du Kathrin auf der Straße triffst, ist sie eine sehr aufgeschlossene Frau, die gerne mit Freude und positiver Leichtigkeit durch das Leben geht. Die tiefe Entschlossenheit bei dem erfolgreichen Aufbau einer Firma dabei zu sein, schenkt ihr tagtäglich den Ehrgeiz, der dafür notwendig ist.

Sie verbringt die Zeit gerne mit Gleichgesinnten, um sich im Business wie auch persönlich weiterzuentwickeln. Neue Ideen zu kreieren und die ganze Welt zu erkunden erfüllt ihr Wesen vollkommen. Im engsten Kreis der Familie fühlt sie sich angekommen und nichts steht über dieser gemeinsamen Zeit.

In diesem Buch gibt sie mit ihrer erfolgreichen 5 Schritte Methode einfache Strategien für den Aufbau einer Marke mit Social Media zur sofortigen Umsetzung vor. Mit ihrer ermutigenden, humorvollen und positiven Einstellung ist das Buch perfekt für Anfänger geeignet oder diejenigen, die ihr Wissen im Social Media Bereich erweitern möchten.

MUTMACHER

An einem warmen Sommertag, vor meinem Laptop sitzend und verträumt aus dem Fenster schauend hat mich mein schriller Handy Klingelton wieder in die Realität zurück geholt. Eine Freundin, von der ich bereits eine Ewigkeit nichts gehört habe ruft an. Freude kommt auf. Auch wenn wir monatelang nichts voneinander hören, sprechen wir so als hätten wir uns erst vor kurzem getroffen. Das ist wahre Freundschaft von ganzem Herzen.

So wie sie ist, einfach gerade heraus ohne lange um den heißen Brei zu reden, stellt sie mir die Frage ob ich denn Lust auf einen Kurztrip hätte. Drei Tage Hamburg und an die Ostsee, nur wir Mädels. Eine Auszeit habe ich sowieso dringend notwendig. Wer könnte zu diesem verlockenden Angebot denn schon nein sagen?

Am darauffolgenden Wochenende ging es schon los. Wir haben uns nach sehr langer Zeit freudestrahlend umarmt und schon war ich mit im Zug nach Hogwarts zur Zauberschule, um Situationen in den nächsten Tagen zu erleben, die mein Leben verändert haben und an Zauberei erinnern.

Im Nachhinein fühlt es sich an wie Magie. Das sollte ich aber erst am Ende dieser einzigartigen Reise bemerken. Sie hat mir in diesen Tagen gezeigt, wie leicht man sich das Leben machen kann wenn man nicht immer vom Schlimmsten aus geht.

Mit einer Sightseeing-Tour durch Hamburg hat unser Treffen begonnen. Es waren die schönsten Sommertage an diesem Wochenende für die normal eher trübe Hafenstadt. Erschöpft waren wir am Abend nach der Hamburg Tour in einem Café. Hungrig haben wir uns für ein Restaurant entschieden, welches ein paar Gehminuten entfernt war. "Zu diesem Restaurant sollten wir gehen, aber da ist nie ein Platz frei. Wenn wir da essen möchten, hätten wir reservieren müssen!" Schon der erste Beweis, wie sehr ich mich getäuscht hatte. Sie antwortet nur: "Komm, lass uns einfach mal hinschauen. Es wird bestimmt ein Plätzchen für uns frei sein." Und nach nicht mal 5 Minuten warten, hat uns der Kellner zu einem freien Tisch gebracht. Glück gehabt! Nach dem Essen wollten wir unbedingt noch etwas unternehmen und mit einem kurzen Abstecher in das Hotel, waren wir fertig gemacht an der Straße gestanden. Gestärkt, mit vollem Bauch aber müden Beinen wollten wir den Sonnenuntergang am Hafen ansehen. Mit einem Cabrio über die Reeperbahn an den Hafen zu fahren wäre jetzt toll. *hex hex* ...und auf der gegenüberliegenden Straßenseite war ein Mini Cooper Cabrio von einem mobilen Fahrdienstleister. Kurzerhand haben wir die App heruntergeladen und das Auto darüber gemietet. Unglaublich? Es war einfach das zweite mal Glück!

Manchmal denke ich mir, dass diese Geschichte keiner glauben wird. Es gibt Beweise. In den Instagram Highlight Stories im Profil von kathrin_benedikt im Ordner "Hamburg" findest du die Geschichte in Bildern. Nach dieser Cabrio Tour über die Reeperbahn, am Hafen entlang, haben wir schließlich an einer Strandbar den Abend ausklingen lassen.

Inklusive einem Feuerwerk über den tanzenden Kränen direkt an der Elbe, wie es hätte schöner nicht sein können. Das war unser perfekter Tagesabschluss.

Am nächsten Tag ging es zu den Orten Fehmarn und Heiligenhafen, welche an der Ostsee sind. Es hat den ganzen Tag über und während der Fahrt immer wieder geregnet. Dieses Wetter war leider für unsere geplante Erlebnisnacht im Freien nicht wirklich passend. Nachdem ich meine Bedenken geäußert hatte, sagte sie wieder in ihrer locker leichten Art: "Ach warten wir mal ab! Es wird bestimmt besseres Wetter." Nach diesem Satz war ich zwar nicht beruhigt aber habe einfach versucht den Tag auf mich zukommen zu lassen.

Wenn ich nicht live dabei gewesen wäre: Am Abend, pünktlich zum Sonnenuntergang, haben sich plötzlich alle Wolken verzogen und wir hatten einen Sonnenuntergang vom allerfeinsten. Die Erlebnisnacht auf der Dachterrasse einer Therme mit Blick auf das Meer war ein Highlight. Das ist so verrückt, so positiv verrückt wie meine gute Freundin. (Erlebnisnacht: Firma Sleeperoo | www.sleeperoo.de)

Nach diesen Erlebnissen war ich von positiven Gefühlen und Freude umhüllt. Wie sind diese Dinge möglich? Ist das wirklich nur Glück oder kann jeder von uns Situationen beeinflussen?

Der krönende Abschluss am letzten Tag ist in dem kleinen Touristenort Heiligenhafen geschehen. Auf dem Weg von Fehmarn nach Hause haben wir einen kurzen Stopp in dem Dorf eingelegt und sie wollte kurz ihren Bekannten einen

Besuch abstatten. Schneller als wir hätten bis drei zählen können, beide nichtsahnend, wurden wir zu einer Tour auf einer großen Yacht mitgenommen. Haben im leckersten Fischrestaurant gegessen und durften mit wundervollen Menschen namens Thomas und Heike umher schippern. Zwick mich doch einer! Das kann doch nicht sein, dass wir die letzten Tage einfach so viel Glück hatten!

Immer vom Schlechtesten auszugehen hält uns oft ab, den Moment zu genießen. Man könnte auch sagen, wir hatten an diesem Wochenende nur Glück, aber das glaube ich nicht.
Ich nehme mir seit diesen Erlebnissen jeden Tag vor, erstmal vom Besten auszugehen.

Ich weiß, dass dieses Denken meinen Alltag beeinflusst. Es hilft mir, sowohl in meinem Job als auch in meiner Beziehung mich nicht mehr zu stressen und den Dingen mal ihren Lauf zu lassen.

"Danke für alles. Ich glaube ganz fest an dich." - Ronja

KONTAKT

 kathrin_benedikt

 Kathrin Benedikt

 hallo@kathrin-benedikt.de

VORWORT

Auch für mich war dieses Wochenende voller Magie. Ich danke meiner herzensguten Freundin für diesen Mutmacher. Ich habe in diesen Tagen wieder gespürt, wie unser Denken den Alltag beeinflusst. Alles was wir tun, wie wir uns fühlen, was wir sagen, bestimmt zu einem Teil die Entwicklung in unserem Leben.

Mitte Oktober 2019 bin ich an einem Morgen aufgewacht und der Gedanke, dass ich ein Buch schreibe war geboren. Mein Wissen muss raus in die Welt! Ich möchte Menschen helfen, sich ihre erfolgreiche digitale Visitenkarte der Zukunft aufzubauen. Steige mit mir in den Zug und wir fahren mit meiner Strategie, Station für Station bis du den Zug alleine steuern kannst.

Dieses Buch habe ich nach bestem Wissen und Gewissen mit all den Inhalten gefüllt, die mich voran gebracht haben. Auf der vorherigen Seite habe ich dir meine persönlichen Kontaktdaten zur Verfügung gestellt, um mir dein konstruktives und ehrliches Feedback zu geben. Wenn dir etwas in diesem Buch fehlt oder du Hilfe benötigst, habe ich jederzeit ein offenes Ohr.

Ich freue mich sehr, deine Erfolge zu erfahren und diese mit dir zu feiern.

Kathrin

EINLEITUNG

ZIELKLARHEIT

NIMM DIR IM SÜßIGKEITEN LADEN WAS DU WILLST

"Es geht nicht darum sich heute ein Ziel zu setzen und es morgen zu erreichen. Erfolg braucht Zeit. Selbst wenn du langsam vorankommst, bist du schneller als jeder der gar nichts tut."

@kathrin_benedikt

Ich möchte dir dieses besondere Buch mit meinen Erfahrungen und dem erarbeiteten Wissen der letzten Jahre als deinen täglichen Helfer an die Hand geben. Benutze es um zu lernen und zu üben. Dieses Wissen ermöglicht es mir heute, all meine Träume zu leben und frei zu sein. Und das möchte ich auch dir ermöglichen.

In diesem Buch geht es nicht darum sich heute ein Ziel zu setzen und es bestenfalls morgen zu erreichen sondern eine Strategie zu erarbeiten, die dir langfristig Erfolg verspricht. Wenn du die erfolgreichsten Unternehmer der Welt genauer unter die Lupe nimmst, wirst du schnell erkennen, dass die meisten von ihnen auch klein angefangen. Vielleicht sogar vor dem selben Hindernis gestanden sind wie du jetzt stehst. Erfolg braucht Zeit. Die Ungeduld und der Vergleich mit anderen Menschen in der heutigen Zeit erfordert sehr viel Selbstdisziplin. Der Fokus sollte nicht bei anderen Menschen liegen, sondern ganz allein bei dir. Denke immer daran, dass selbst wenn du nur langsam vorankommst, immer noch schneller bist als jene die gar nichts tun.

Der Name des Buches "5 Schritte zu einer erfolgreichen Social Media Strategie" ist sehr bewusst gewählt.

Vor allem das Adjektiv "erfolgreich", welches bedeutet, dass gesetzte Ziele erreicht wurden. Dies können bei Menschen persönliche Ziele oder Unternehmensziele im geschäftlichen Bereich sein. Persönliche Ziele können zum einen materieller Natur sein wie zum Beispiel ein höheres Einkommen oder immaterielle Ziele wie etwa Glück oder Anerkennung. Werden diese Ziele erreicht bedeutet es Erfolg oder erfolgreich sein.

In den folgenden Schritten zeige ich dir nicht nur, wie du smart und einfach deine Social Media Kanäle strukturierst und dir eine erfolgreiche digitale Visitenkarte aufbaust, sondern wie du dadurch den Wert definierst, welchen du für deine Zukunft nutzen kannst.

Du wirst bereits nach dem ersten Kapitel verstehen, welche simplen Strategien für Social Media dir den nötigen Kick zu deinem Ziel geben. Es steckt kein Hexenwerk dahinter, sondern eine simple 1:1 Umsetzung mit einer einfachen Herangehensweise. Wie du das raffiniert und mit Leichtigkeit für dich anwendest, wirst du nach diesem Buch verinnerlicht haben. Wenn du sofort damit beginnst, verspreche ich dir: Es wird magisches passieren!

Es werden sich Türen öffnen von denen du niemals geglaubt hättest, dass so etwas möglich ist. Wenn du das alles wirklich willst, ist es essentiell, dass du weißt was du erreichen möchtest. Was ist dein großes Ziel? Unabhängig davon was dein Verstand sagt. Denke groß! Lass deiner Fantasie freien Lauf. Ich habe in den letzten Jahren viele Menschen kennengelernt, die mit dem jetzigen IST Zustand zufrieden und auch glücklich sind. Das ist vollkommen legitim und darf akzeptiert werden. Andere wiederum wollen mehr vom Leben. Haben große Träume, die sie in die Realität umsetzen möchten. Die sogenannten "Macher" wissen welche Ereignisse mit Fleiß und einer klaren Zielsetzung möglich sind. Und genau dieser Menschentyp, diese "Macher" wie ich sie gerne nenne, helfen anderen Menschen noch besser zu werden als sie vielleicht selbst sind. Es gibt keinen besseren Zeitpunkt als jetzt zu starten. Es wird keinen besseren Zeitpunkt geben mit diesen ganzen Chancen deinen persönlich definierten Erfolg zu leben. Today is the day!

Genau jetzt sind die besten Voraussetzungen gegeben, mit Hilfe der heutigen Möglichkeiten etwas großartiges zu erschaffen.

Instagram und Facebook, wie auch alle weiteren Social Media Plattformen nehmen an Bedeutung für alle Bereiche in unserem Leben zu. Wir informieren uns tagtäglich über Neuigkeiten auf der ganzen Welt, lesen über Innovationen und Produkte die im Trend sind und können bestens über die Profile im Internet nachvollziehen was Bekannte, Freunde oder Familie machen, wo sie im Urlaub sind, in welches Restaurant sie am Wochenende gehen oder mit wem sie unterwegs sind.

Die Welt an sich wird immer transparenter und das Internet nimmt definitiv an Wert zu. Wenn wir uns die Zahlen und das stetige Wachstum der Internet- und Social Media Nutzer ansehen, wird klar warum es wichtig ist, als Person oder Unternehmen präsent zu sein. Egal ob du einen festen Job hast, dir ein eigenes Business aufbaust oder deine Firmenpräsenz professioneller aufstellen willst, siehst du an dem folgenden Text und der Grafiken.
(Quelle: https://blog.hootsuite.com/de/social-media-statistiken-2019-in-deutschland/)

Die Internetnutzung
Weltweit sind heute 4,39 Milliarden Menschen online, gut über die Hälfte der Weltbevölkerung. Die Zahl der Nutzer im Internet wächst durchschnittlich um täglich mehr als eine Million Neuzugänge.

Der Regional-Report von 2019 weist für Deutschland knapp über 80 Millionen Internetnutzer aus – die Durchdringung liegt damit bei 96 Prozent. Der folgende Regional Report aus dem Jahr 2019 über Deutschland zeigt die wichtigsten Daten, um die globale Internet-, Mobile- und Social Media Nutzung zu verstehen.

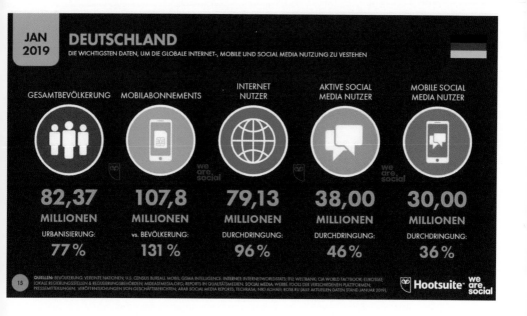

Social Media Nutzung

Mit der Anzahl der Internetnutzer wächst auch die Zahl der Social Media-Nutzer – aktuell auf weltweit 3,48 Milliarden.

Mehr als 9 von 10 dieser Nutzer greifen per Mobilgerät auf die sozialen Medien zu. Knapp die Hälfte (46 Prozent) der deutschen Internetnutzer sind Stand Januar 2019 in den sozialen Medien aktiv. Der Bevölkerungsanteil aktiver Nutzer, die per Mobilgerät auf Social Media-Plattformen zugreifen, liegt bei 36 Prozent.

Weltweit verbringen die Nutzer täglich circa 6,5 Stunden online, ein bisschen weniger als 2018 (fast 7 Stunden), was sich aus der hohen Anzahl der Neuzugänge erklären könnte.

Doch was treiben die knapp 4,4 Milliarden Nutzer eigentlich in diesen 6,5 Online-Stunden? Zu den meistbesuchten Webseiten gehört erwartungsgemäß Google, welche das Ranking anführt. Die Alphabet-Tochter YouTube landet auf Platz 2, gefolgt von Facebook auf dem dritten Rang. Weitere Plattformen wie Instagram werden ebenfalls von Tag zu Tag wichtiger.

In Deutschland ist die Anzahl der Social Media-Nutzer im vergangenen Jahr zwar nicht gewachsen. Aber 38 Millionen aktive Social Media-Nutzer sorgen für eine Durchdringung von immerhin 46 Prozent.

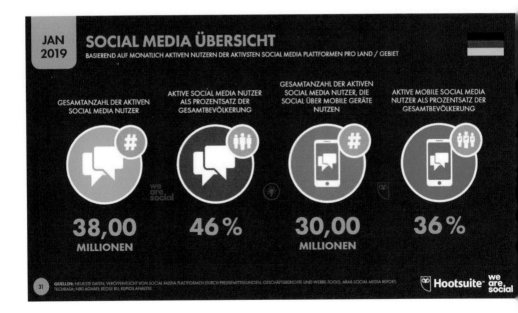

"Weltweit nutzen über 45% der Menschen Social Media. Wer heute noch sagt, dass ein professioneller Social Media Auftritt keine Rolle spielt, hat den Paukenschlag nicht gehört."

@kathrin_benedikt

Es gibt immer noch Menschen, die die Größe und den positiven Einfluss welches das Internet haben kann nicht verstehen. Doch nach dieser ausführlichen Vorstellung kann ich kein Argument mehr gelten lassen. Es ist jetzt an der Zeit zu handeln. Es wäre sogar fahrlässig, nicht jetzt zu handeln.

Noch markanter als die Zahlen zur Internetnutzung zeigt sich der Wachstumsverlauf bei den Social Media-Nutzern über die letzten fünf Jahre: die Gesamtzahl der globalen Social Media-Nutzer hat sich seit dem letzten Digital Report fast verdoppelt. Die diesjährige Gesamtzahl von 3,49 Milliarden ist zudem um knapp 2 Milliarden höher, als die 1,48 Milliarden, die wir in unserem ersten globalen Digital Report vom Januar 2012 vermeldet hatten.

Du siehst, dass allein diese Zahlen über die Internet und Social Media Nutzung gigantisch sind.

Was sich in den nächsten Jahren noch verändern wird, ist meiner Meinung nach eine Welle, die dich auf dem Erfolg mit schwimmen lässt wenn du jetzt startest. Wenn nicht, wirst du gnadenlos unter gehen.

Mit diesen Analysen und Statistika verstehst du jetzt, dass deine Entscheidung dieses Buch zu lesen, eine der besten Entscheidungen in deinem Leben ist und du mit auf der Welle des Erfolges surfen darfst.

Die Dringlichkeit deiner Internetpräsenz

Zu Beginn meiner Selbstständigkeit wurde mir klar, wie wichtig es ist, ganz bewusst mit dem Internet umzugehen. Welche Macht hinter Social Media steckt, ist vielen noch nicht bewusst. Wie du diese Macht für dich nutzt und sogar Menschen inspirieren kannst, werde ich dir zeigen.

Es ist wichtig schnellstmöglich mit dem Aufbau einer Präsenz zu starten um vorne mit dabei zu sein. In den 90er Jahren als das Internet langsam an Beliebtheit gewann, haben viele Kritiker gesagt, dass es sich nicht durchsetzen wird. Was jetzt ist, muss ich dir nicht erklären.

Das Internet bestimmt zum Teil unser tagtägliches Leben. Wie verantwortungsvoll wir mit dem World Wide Web umgehen, bestimmt ganz allein jeder einzelne von uns.

Über 45 % der Menschen auf der Welt nutzen Social Media. Wenn du dir diese Zahl auf der Zunge zergehen lässt, spürst du die Dringlichkeit eine professionelle Online Präsenz vorzuweisen. Wenn du noch genauere Zahlen zu diesem Thema haben möchtest, kann ich dir den Blog von Hootsuite empfehlen. Homepage: www.blog.hootsuite.com

Wähle im Geschäft das richtige Kleid

Für die Klarheit, um dein Ziel auch erfolgreich zu realisieren benötigst du nur 30 Minuten Zeit und etwas zu schreiben. Deine beruflichen und privaten Ziele spielen zusammen. Wenn du in deiner Arbeit keine Erfüllung findest, wirst du in deinem privaten Leben nie zu 100% glücklich sein.

Mit gezielten Fragen gibst du deinem Leben eine Richtung und du wirst sehen, dass dieser kleine Teil Unzufriedenheit der vielleicht in dir steckt im Nu verschwindet. Das möchte ich dir mit einer Geschichte verdeutlichen.

Du nimmst ein schön verziertes Briefkuvert von deinem Postboten entgegen. Du öffnest den Brief und findest eine Einladung zu einer Hochzeit von deinen Freunden vor. Jetzt kommt der erste Gedanke, meistens bei Frauen: Was ziehe ich an? Der Browser im Handy wird unverzüglich geöffnet, die Tasten laufen heiß und im Internet werden alle Online Shops durchsucht, für das perfekte Kleid. Wenn du die Bestellung aufgibst musst du genau wissen, welche Farbe, Muster und Größenangabe das Kleid haben sollte. Wenn du diese Angaben nicht machst, kommt vielleicht ein Kleid welches du gar nicht bestellt hast und es kommt natürlich Enttäuschung auf. Wenn du nicht genau angibst was du möchtest, wirst du nie das Kleid bekommen, welches du dir vorstellst. Du solltest immer in deinem Leben wissen, was du willst und das klar aussprechen. Ansonsten kann es sein, dass du etwas bekommst was du nicht willst. Mit dieser Geschichte möchte ich dir bewusst machen, wie wichtig es ist zu wissen was du willst und in welche Richtung du gehen möchtest.

Die Fragen, welche jetzt kommen, stelle ich mir immer dann, wenn innere Unzufriedenheit in einer Phase meines Lebens aufkommt.

- ❖ **Was könnte ich jetzt ändern um glücklicher zu sein?**
- ❖ **Was wäre der ideale Zustand meines Lebens?**
- ❖ **Welches Umfeld würde mich jetzt inspirieren?**
- ❖ **Welche Arbeit würde mir mehr Spaß machen?**
- ❖ **Was bereitet mir wirklich von Herzen Freude?**

Dein Ziel, egal ob beruflich oder privat solltest du klar vor Augen sehen, spüren wie du es erreicht hast. Das Gefühl von Freude und Dankbarkeit in dir tragen. Für manche wird sich das wie Hokus Pokus anhören. Wenn ich meine Erlebnisse der letzten Jahre revue passieren lasse, haben meine Gedanken immer zum Erfolg oder eben Misserfolg geführt.

Die schweren Steine im Rucksack

Wenn du jetzt schon an dem Punkt zweifelst, frage dich ehrlich: Was hast du zu verlieren wenn du es nur für dich prüfst? Ich musste auch genau diese Entscheidung treffen. Ich weiß wie du dich fühlst, welche Ängste du spürst und welches Unverständnis du von manchen Menschen erntest. Es fühlt sich schwer an, wie ein riesen Rucksack gefüllt mit Steinen, der von Tag zu Tag schwerer wird, umso länger du deine Entscheidung endlich zu starten rauszögerst. Und ich kann dir nur eines sagen: Umso länger du zögerst und Ausreden erfindest, desto schwerer wird sich dein Rucksack anfühlen. Treffe bewusste Entscheidungen. Treffe die Entscheidung, nur das Gepäck zu tragen welches du willst.

"Wenn du jetzt keine Entscheidung triffst, die dich glücklich macht, wird der Rucksack der Unzufriedenheit immer schwerer und schwerer."

@kathrin_benedikt

Auch ich habe lange dieses Gepäck mit mir rum getragen. Von Tag zu Tag wurde ich unglücklicher in meinem Job, habe immer mehr Ausreden erfunden nicht mein eigenes Business zu starten und das zu machen was mich wirklich erfüllt. Die Ausreden wie "Ich habe keine Zeit", "Wenn das alles so einfach wäre, würde es doch jeder machen", "Ich schaffe das nicht"! etc. haben mich Tag und Nacht begleitet. Irgendwann wusste ich vor lauter Verzweiflung einfach nicht was ich machen sollte. Ich habe den Zuspruch von außen gesucht. Von meiner Familie, Freunde, Kollegen und Bekannte waren meine Anlaufstelle. Ich kann hierzu nur sagen, dass dir niemand mehr Zuspruch geben wird als die Menschen, die den Weg bereits erfolgreich gegangen sind. Und es werden nur diese Menschen sein, die wissen wie du dich fühlst.

Die Steine in meinem Rucksack haben sich verdoppelt desto mehr ich mit anderen Leuten über mein Ziel gesprochen habe, etwas eigenes auf die Beine zu stellen. Ich hatte eine andere Brille, eine andere Sichtweise. Mein Unverständnis warum diese Menschen mich nicht einfach bedingungslos unterstützen können, blieb lange Zeit unbeantwortet.

Die Brille des Lebens
Nehmen wir an, du hast ein Problem mit den Augen. Du erzählst einem Freund der eine Brille trägt davon, dass du vieles in der Ferne nicht mehr lesen kannst. Er nimmt seine Brille ab und gibt sie dir. "Setz die Brille auf. Ich habe sie bereits seit Jahren und mir hilft sie sehr."

Du setzt die Brille von der Person auf aber siehst alles nur noch verschwommener. "Mit deiner Brille sehe ich überhaupt nichts."

Jeder hat andere Sichtweisen zu Themen in unserem Leben und das ist auch gut so. Versuche niemandem deine Sichtweise bildlich gesprochen aufzusetzen. Diese Person wird vielleicht nicht klar sehen, sondern nur noch verschwommener.

Etwas ganz bestimmtes lernst du aus dieser Geschichte: Nicht jeder hat die gleiche Sichtweise und wird auch nicht immer verstehen, welches Problem der andere hat. Er versucht zu helfen, vielleicht auch dich zu unterstützen, aber bringen wird es dir nicht viel. Versuche dies zu akzeptieren und deinen Weg zu gehen. Denn nur du wirst diesen Weg laufen und nicht der andere Mensch, den du um Rat gebeten hast.

Ich sage dir jetzt als deine gute Freundin: Die Menschen um dich herum, wollen immer nur das Beste für dich. Und es liegt in der Natur des Menschen, dass wir etwas Neues erst einmal komisch und anders finden. Jeder Mensch hat andere Erfahrungen und sieht das Leben durch die ganz eigene Brille.

"Jeder Mensch sieht durch seine eigene Brille klar. Versuche nicht, jemandem deine Sichtweise auf's Auge zu drücken."

@kathrin_benedikt

Wenn du immer nur darauf hörst was andere Menschen sagen und wie du es allen recht machen kannst, wirst du nie dein Ziel erreichen. Du kannst dich immer entscheiden: Wie ein Sieger gewinnen und alle vom Gegenteil überzeugen oder mit der vermeintlich sicheren Herde weiter mitlaufen. Nur du allein trägst die ganze Verantwortung für dein Glück. Übernehme die Verantwortung.

Ich hatte den Traum frei zu sein! Frei von den langweiligen und nervigen Aufgaben in meinem Beruf, den nörgelnden Kollegen, den ständigen Anpassungen und das Reinzwängen in vorgegebene Normen und vor allem die negativen Gedanken, die dadurch in mir entstanden sind.

Ich verspreche dir, du wirst dann immer besser, wenn du auf deinen eigenen Weg setzt. Kopiere nie eine Person, sondern entwickle deine persönliche Strategie. Entnehme dir aus diesem Buch die Punkte, wovon du überzeugt bist das sie zu dir passen. Komme in's Tun. Denn selbst wenn du gefühlt nur langsam voran kommst, bist du schneller als alle anderen die nichts machen.

"Stell dir vor, du bist in einem Süßigkeiten Laden und kannst dir all die Leckereien aussuchen, die du am liebsten nascht. Der eine mag Lakritze mehr als Schokolade. Nimm dir einfach das was dir am Besten schmeckt."

@kathrin_benedikt

Nach diesem Schritt im ersten Kapitel weißt du ganz genau, welche Süßigkeiten dir schmecken und welche auch zuerst genascht werden sollten. Du wirst mit einem unbesiegbarem Gefühl, frischer Motivation und einer Tüte gefüllt mit süßen Naschereien mit diesem Buch durchstarten.

Wie die Mama immer sagt: Wer schreibt der bleibt!
Notiere deine Wünsche, deine Ideen und Ziele ganz genau! Zielklarheit ist der erste wichtige Schritt. Nur dem Gehenden festigt sich der Weg unter den Füßen. Am Ende des Kapitels helfe ich dir mit den bereits gestellten Fragen deine Zielklarheit zu definieren. Dieses Buch ist dein tagtäglicher Helfer!

Wie alles begann
Meine Selbstständigkeit begann vor knapp zehn Jahren mit einer Firma für Kinderschminken. Damals habe ich neben meiner Ausbildung bei einer Firma die Veranstaltungen organisiert, am Wochenende gearbeitet. Als ich merkte, dass Kinderschminken auf diesen Veranstaltungen sehr gefragt war, habe ich mir überlegt, wie ich damit mehr Geld verdienen könnte als die mageren 8 € Stundenlohn. Das Schminken von Kindern würde mir sogar Spaß machen und es wäre ein toller Nebenjob. Erstens vergeht die Zeit wie im Flug, die Kinder sind so voller Dankbarkeit wenn sie in den Spiegel schauen und sich als glitzernden Schmetterling, wilder Tiger oder Krokodil mit scharfen Zähnen wieder erkennen. Das wäre doch ein Versuch wert.

Diese Freude der Kinder fasziniert mich heute noch und ich bin davon überzeugt, dass mich die Arbeit mit den Kindern auf meinem Weg sehr geprägt hat. Wir Erwachsenen können von Kindern so viel wieder erlernen, was wir vergessen haben. Vor allem die Fantasie und die Leichtigkeit alles ohne Angst zu tun.

Die Idee war geboren eine eigene, ganz offiziell gegründete Firma neben meinem Hauptberuf anzumelden. Dies war zuerst so vollkommen außer meiner gedanklichen Reichweite und meine Idee von der ich anfangs so begeistert war, schwenkte von einer Minute zur anderen in Angst um. Was denken die anderen Menschen wenn ich das mache? Was mache ich wenn keine Anfragen kommen? Wenn ich das alles nicht schaffe, war alles umsonst? Heute kann ich dir aus tiefster Überzeugung sagen: Nichts im Leben ist umsonst.
Es ist nur eine Frage deiner eigenen Sichtweise, deiner eigenen Brille wie du es siehst und damit umgehst.

Begonnen habe ich mit der Suche nach einem Namen für meine Kinderschmink Firma. Kurzerhand habe ich ein Logo selbst kreiert und über einen Homepage Baukasten Anbieter eine Seite erstellt, die es übrigens heute noch gibt. Wer recherchiert, findet dazu sehr schnell etwas.

Wie mein Traum drohte zu zerplatzen
Nach ein paar Tagen hatte ich bereits die erste Anfrage über meine Homepage. Ohne Werbung- einfach so. Top oder Flop, das stellte sich schnell heraus. Ziemlich nervös habe ich bei der Frau von der ich die Anfrage erhalten habe, angerufen. Kurz vorgestellt, mit ihr den möglichen Ablauf der Veranstaltung besprochen und sogar sofort eine Zusage für das Kinderschminken bei ihrem Event bekommen.

Wenn du dir jetzt denkst das es alles zu einfach ging, kann ich dir nur zustimmen. Meine erste Rechnung wurde bis heute nicht bezahlt. Nach diesem ersten Auftrag habe ich mehrere Wochen keine einzige Anfrage mehr erhalten. Die Zweifel die ich hatte, waren bestätigt. Ich habe versagt und das auf ganzer Linie. Das war meine erste Erfahrung in meiner Selbstständigkeit. Meine Angst wurde wahr.

> *"Sehe deiner Angst direkt in die Augen, bis du klar siehst und ganz von alleine verschwindet."*
>
> *@kathrin_benedikt*

Die unverhoffte Wendung

Ich hatte doch keine Ahnung, dass das so schwer ist. Die einzige Lösung war für mich alles hinzuschmeißen, mich meinem alten Leben wieder voll und ganz zu widmen und die Niederlage zu akzeptieren.

Es sollte alles anders kommen. Nachdem ich meiner Familie unter Tränen verkündet hatte, dass ich alles beenden werde, waren sie entsetzt. Sie haben mir Mut gemacht, es weiterhin zu versuchen und ein Satz ist mir in Erinnerung geblieben: "Hast du wirklich alles in deiner Macht stehende versucht um an Aufträge zu kommen?" Ich musste ehrlich zu mir sein und darauf mit einem klaren nein antworten. Um es kurz zu halten, ich hatte nach einigen Arbeitsschritten und kreativen Werbeaktionen immer größere Aufträge von Firmen aus der Gegend. Mein Durchhaltevermögen hat sich dann doch ausgezahlt. Meistens ist es so, dass wir einen Tritt brauchen um weiterzugehen. Auch wenn es vielleicht in diesem Moment schmerzt. Manchmal brauchen wir Menschen im Umfeld die fest an dich und das was du machst glauben. Vor allem nach dieser einschlägigen Erfahrung alles aufzugeben, habe ich gesehen, was sinnvolle Werbung bewirken kann. Im hier und jetzt gesprochen würde ich behaupten, dass genau diese Phase mein Startschuss als Unternehmerin war.

Mit meiner Geschichte möchte ich dir Mut machen. Es wird vielleicht nicht immer alles gleich so gelingen wie du möchtest, du wirst Rückschläge erleben, du wirst Angst haben zu versagen, du wirst Menschen um dich herum haben, die nicht an dich glauben. Genau dann ist es wichtig zu wissen warum du es machst. An diesem Punkt komme ich wieder zurück auf den wichtigsten ersten Schritt, welchen ich diesem Kapitel gewidmet habe: Der Zielklarheit.

Das Leben ist kein Ponyhof

Wir haben im Laufe unseres Lebens verlernt uns große Ziele zu setzen. Vielleicht von Menschen Sätze aufgeschnappt und unbewusst verinnerlicht, die nie gelernt haben groß zu denken. Aussagen wie: "Das Leben ist ja schließlich kein Ponyhof", kennst du bestimmt. Was du mit dieser Aussage machst und wie du sie für dich siehst, liegt in deiner Hand.

*"Das Leben ist kein Ponyhof?!
Dann such dir doch einfach ein
Pony aus, steig drauf und nimm
die Zügel selbst in die Hand."*

@kathrin_benedikt

Der Ponyreiter Typ

Der typische Ponyreiter Typ hat den Mut, Ehrgeiz und Drang alle Dinge im Leben selbst in die Hand zu nehmen. Diese Art von Menschen lassen sich von nichts und niemandem aufhalten. Eine negative Situation ist eine Herausforderung und kein Problem. Die Aussage "Das Leben ist kein Ponyhof" wird nur von dem Avocado Typ in den Mund genommen. Und genau diese Personen warten bis an das Ende ihres Lebens auf bessere Zeiten. Unsere Gedanken haben außergewöhnliche Kräfte. Und die Beziehung zwischen Ursache und Wirkung können wir setzen. **Die Entscheidung dafür oder dagegen bestimmst nur du allein.**

Versuche dich von all den negativen Aussagen frei zu kämpfen. Setze dir das Puzzle deines Lebens in allen Bereichen selbst zusammen. Hier gibt es kein richtig und kein falsch. Lösche für diesen Moment die Frage "wie" aus deinem Kopf.

Es kann gut sein, dass du vielleicht länger mit einem Stift und einem leeren Blatt davor sitzt und nicht weißt was du aufschreiben sollst. An dieser Stelle kann ich dich nur beruhigen. Es ist völlig normal wenn du dir das erste mal bewusst Gedanken machen sollst, was du wirklich möchtest.

Alles ist bereits da
Eine faszinierende Story möchte ich dir noch erzählen, bevor wir uns deiner Zielklarheit widmen und dann direkt in den ersten Schritt der "Planung" kommen.

Am 16. August 2009 hat der Jamaikaner Usain Bolt den 100-Meter-Weltrekord im Sprint in unter 10 Sekunden aufgestellt. Das war Jahrzehnte davor seit Aufzeichnung aller Sprints nie für möglich gehalten worden. Viele Ärzte und Wissenschaftler haben sogar immer wieder bestätigt, dass der menschliche Körper für diese Leistung nicht ausgelegt ist.

Usain Bolt, damals 22 Jahre jung, jetzt der schnellste Mensch der Welt, hat das Gegenteil bewiesen. In nur 9,58 Sekunden über 100 Meter! Nach seiner faszinierenden Leistung sagte er: „Ich will eine Legende werden". Nie war ein Sprinter derart überlegen wie dieser Jamaikaner. Er hat die Grenzen in seiner Sportart derart verschoben. Mit unglaublicher Leichtigkeit hat er Rekorde über 100 Meter, über 200 Meter gebrochen.

Auch wenn dir alle sagen, dass es unmöglich ist. Mit dieser Geschichte und es gibt noch so viele davon, hast du die Beweise schwarz auf weiß. Usain hatte sein Ziel immer klar vor Augen. Er hat sich von nichts und niemanden aufhalten lassen.

Es gibt verschiedene Antriebe der Menschen um den gewünschten "Erfolg" zu verwirklichen. Bei Usain Bolt war es der Antrieb, es allen anderen zu beweisen: **Alles ist möglich! Jetzt bist du an der Reihe!**

"Setze die einzelnen Puzzleteile deines Lebens so zusammen, wie es dir gefällt."

@kathrin_benedikt

Die Lebensbereiche
Es gibt diverse Lebensbereiche wie Gesundheit, Beziehungen zu Menschen wie Familie und Freunde, Persönlichkeit, Freizeit, Arbeit und Vermögen. Bei jedem Menschen spielt ein Lebensbereich eine größere Rolle als bei einem anderen. Wichtig ist nur, dass die Priorisierung dieser genannten Lebensbereiche für sich selbst entschieden werden muss. Der eine möchte eine Arbeit haben, die ihn erfüllt und jeden Tag aufs Neue begeistert. Ein anderer arbeitet nur um seine Freizeit zu genießen. Werde dir bewusst welcher dieser Bereiche dir wichtig ist und zu einer glücklichen Lebensweise beiträgt.

Persönliche Zielklarheit

Was ist dir von Herzen wichtig im Leben?

Wie würde dein Alltag aussehen, wenn du es dir aussuchen könntest?

Welche Eigenschaften sollen die Menschen haben, die du gerne tagtäglich um dich hättest?

Welche Arbeit würde dir Spaß bereiten? Welche Fähigkeiten hast du? Was bereitet dir wirklich von Herzen Freude?

Wenn es dir schwer fällt, dies zu beantworten habe ich noch hilfreiche Tipps für dich. Schreibe alles auf was und wie du es nicht möchtest und versuche es dann neu zu formulieren, in das was du gerne hättest.

1. Ich möchte nicht jeden Tag genervt in die Arbeit gehen!

Ich möchte gerne einem Job nachgehen, der mich erfüllt und ich genau das machen kann was mir Freude bereitet.

2. Ich möchte keine nörgelnden Kollegen um mich!

Ich möchte mit Menschen arbeiten, die auf gleicher Wellenlänge sind wie ich. Mit denen ich über Probleme sprechen kann und wir immer eine gemeinsame Lösung finden.

3. Ich möchte nicht, dass meine Familie oder ich jeden Cent umdrehen muss!

Ich hätte gerne so viel Geld, dass meine Familie und ich gut davon leben und uns alles leisten können.

Im nächsten Schritt steigen wir tiefer in das Thema Businessaufbau ein. Mein Ziel ist es, dir alles mit an die Hand zu geben. Du sollst alles aufmerksam lesen und für dich prüfen. Bevor du entscheidest, ob eine Strategie etwas für dich ist oder nicht, empfehle ich, es dir erst einmal zu probieren. Wenn du es dann für dich getestet hast, kannst du anhand deiner getätigten Erfahrung eine Entscheidung treffen.

Berufliche Zielklarheit

Was wäre der perfekte Job wenn du wählen könntest?

Welches Ergebnis erwartest du nach 1 Monat, 3 Monaten, 6 Monaten und nach einem Jahr?

Möchtest du damit Geld verdienen oder einen anderen Wert gewinnen? Wenn ja, was wäre die ideale Vorstellung?

Warum willst du dein Ziel erreichen? Was möchtest du dir/deinen Liebsten damit ermöglichen?

Und schon hast du den ersten Schritt gemacht, ein kraftvolles Fundament geschaffen, um auch das umzusetzen und deine Gedanken zu ordnen.

SMART-Formel

Detaillierte Zielsetzungen sind wichtig. Vor allem bei den Marketingmaßnahmen. Zum einen kannst du nur prüfen, ob etwas erfolgreich ist, wenn zuvor ein Ziel festgelegt wurde. Doch wie definierst du die Ziele? „Ich will ein ansprechenden Instagram Account und dadurch mehr Follower erreichen" ist keine ausreichende Zielsetzungen- Sehr hilfreich ist an dieser Stelle die SMART-Formel.

SMART ist eine Abkürzung, die sowohl auf Deutsch als auch auf Englisch funktioniert:

S = specific | spezifisch
M = measurable | messbar
A = achievable | ausführbar
R = realistic | realistisch
T = time-bound | terminierbar

Nehmen wir noch einmal das Beispiel „Ich will einen ansprechenden Instagram Account und dadurch mehr Follower erreichen." vor.

Spezifisch: Einen ansprechenden Instagram Account und mehr Follower dadurch erreichen – ja, es ist deutlich, was ich will. Aber ist das schon spezifisch? Spezifisch wird die Aussage erst, wenn auch festgelegt wird, wer involviert ist und auf welche Rahmenbedingungen zu achten sind.

Messbar: Was möchtest du ansprechender machen und um wie viele neue Follower soll es sich erhöhen? Du kannst es in der Anzahl der Menschen oder prozentual ausdrücken.

Ausführbar: Was bin ich bereit zu investieren, um das Ziel zu erreichen? Investiere ich ein bestimmtes Budget oder unternehme ich eine spezielle Social Media Aktion? Was muss getan werden?

Realistisch: Ist die gewünschte Anzahl neuer Follower und Änderung von deinem Profil tatsächlich über den anvisierten Zeitraum bzw. die Ausführung der Aktion erreichbar?

Terminierbar: Wann soll die Umsetzung starten und sollen die neuen Follower bis übermorgen oder bis in einem Jahr da sein?

Folgendes Beispiel:
Im Monat November beginne ich mit den neuen Postings und dadurch soll die Anzahl der Follower auf meiner Instagramseite um 200 Menschen innerhalb von vier Wochen gesteigert werden. Dafür wird ein Produkt unter allen Fans verlost. Die Fans müssen unserer Seite folgen und den Instagram Beitrag mit passenden Emoticons kommentieren. Dies sorgt für zusätzliche Kommentare und es wird hierdurch eine hohe Interaktion geben, wodurch potenzielle neue Follower auf die Aktion und unsere Seite aufmerksam werden.

Das Produkt wird von mir zur Verfügung gestellt und liegt bereits vor. Die Aktion wird über unsere Instagram-Seite sowie einer Werbeanzeige beworben. Extra Budget wird nicht zur Verfügung gestellt. Verantwortlich für die gesamte Aktion (Instagram-Post, Monitoring, Auslosung des Gewinners und Information des Gewinners): Kathrin

Du siehst, wie diese Formulierung wesentlich umfangreicher und klarer ist als „Ich will mein Profil ansprechender gestalten und mehr Instagram-Follower haben." Aus dem ursprünglichen Ziel wird eine konkretere Aussage inklusive einer Erklärung, wie das Ganze funktionieren soll. Mit der SMART Methode kannst du alle Marketingaktionen planen und weißt genau wie du diese umsetzt.

Definiere dein Ziel

❖

....

....

....

SCHRITT 1

PLANUNG

SO WIRST DU NICHT ZU EINEM AVOCADO TYP

"Wenn dein Plan nicht funktionieren sollte, dann ändere deine Planung, aber niemals dein Ziel."

@kathrin_benedikt

Ein Mann hat im Wald einen jungen Adler gefunden. Er nahm ihn mit nach Hause und steckte ihn zu seinen Hühnern in den Hühnerstall. Er gab ihm Hühnerfutter zu fressen und der Adler verbrachte Tag für Tag den Alltag mit den gackernden Hühnern. Er war doch ein Adler, der König der Vögel, der König der Lüfte!

Nach Jahren kam einmal ein anderer Mann zu Besuch, der etwas von Naturkunde verstand. Dem fiel der Adler im

Hühnerstall zufällig auf und er sagte: "Der Vogel dort ist kein Huhn, sondern ein Adler."

"Ja", sagte der Mann", das stimmt. Aber ich habe ihn zu einem Huhn erzogen. Er ist jetzt kein Adler mehr, sondern ein Huhn." "Nein", sagte der andere, "er ist noch immer ein Adler, denn er hat das Herz eines Adlers und das wird ihn hoch hinauf fliegen lassen in die Lüfte". "Nein, nein", sagte der Mann, "er ist jetzt ein richtiges Huhn geworden und wird niemals mehr wie ein Adler fliegen".

Darauf beschlossen beide Männer eine Probe zu machen. Der vogelkundige Mann nahm den Adler, hob ihn in die Höhe und sagte beschwörend: "Du bist ein Adler und gehörst dem Himmel, breite deine Flügel aus und fliege!" Der Adler auf der hoch gestreckten Faust blickte sich um. Hinter sich sah er die Hühner nach ihren Körnern picken und er sprang zu ihnen hinunter und pickte mit.

Der naturkundige Mann gab aber noch nicht auf. Am nächsten Tag stieg er mit dem Adler im Arm auf das Dach des Hauses, hob ihn empor und sagte: "Adler breite deine Flügel aus und fliege!" Aber als der Adler wieder die scharrenden Hühner im Hof erblickte, sprang er zu ihnen hinunter und scharrte mit.

Da sagte der Mann: "Ich habe es dir ja gesagt, er ist ein Huhn und er bleibt ein Huhn." "Nein", sagte der andere, "Er ist ein Adler und er hat noch immer das Herz eines Adlers. Lass es uns noch ein einziges Mal versuchen. Morgen werde ich ihn fliegen lassen."

50

Am nächsten Morgen ging er mit dem Adler vor die Stadt auf einen hohen Berg. Er hob den Adler empor und sagt zu ihm: "Adler, du bist ein Adler. Du gehörst dem Himmel, nicht dieser Erde. Breite deine Flügel aus und fliege. Ich weiß, dass du es schaffst." Der Adler zitterte und hatte Angst, aber er flog nicht. Plötzlich tauchte ein anderer Adler am Himmel auf und da kam der tief sitzende Instinkt und die Angst war vergessen. Er breitete seine Schwingen aus, erhob sich mit dem Schrei eines Adlers in die Luft und kehrte nie wieder zurück.

"Vergesse niemals was du alles erreichen kannst, wenn du deine Angst besiegst und deinem Instinkt und dem Herzen folgst."

@kathrin_benedikt

Die feste Überzeugung ein Ziel zu erreichen versetzt Berge. Manchmal müssen wir etwas mehrere Male probieren bis es funktioniert oder eben den Plan zum Ziel ändern. Glaube an dich und besiege deine Angst.

Unternehmer/in mit Plan und Sicherheit

Die genaue Planung und Strukturierung, wie du mit simplen Schritten voran schreitest, kommt in den folgenden Abschnitten. Oft wird zu Beginn bei der Gründung eines Unternehmens ein Business Plan für Externe erstellt, wie für Banken, Investoren oder das Arbeitsamt. Aber in erster Linie ist ein Business Plan für dich! Ein Plan der dir den Weg weist.

Wie notwendig es ist, einen Business Plan bis ins kleinste Detail zu erstellen, wird aus diversen Sichtweisen und verschiedenen Faktoren entschieden. An welchem Punkt stehst du? Viele Jungunternehmer, die ich coache stehen am Anfang mit einer Idee, einer großen Vision und möchten einfach nur mit Vollgas starten.

Aus meiner persönlichen Erfahrung kann ich dir mitgeben, dass du zwar von einem Tag auf den anderen Unternehmer bist aber nicht von Anfang an unternehmerisch handelst.

Du sammelst Erfahrungen, musst dich mit Dingen wie Gründung des Unternehmens bei der Behörde, Steuer, Planung, Umsetzung und Kundenfindung etc. beschäftigen und neben all dem sollten deine monatlichen Fixkosten gedeckt sein. Das kann sehr schnell in die Hose gehen. Sei nicht ungeduldig und zu streng mit dir selbst. Manchmal funktioniert ein Plan nicht. Ändere den Plan aber verliere niemals dein Ziel aus den Augen.

Auf dem Weg kommt die Erfahrung

In den letzten Jahren habe ich sehr viel in allen Richtungen zu meinem gesetzten Ziel: „Freude an meiner täglichen

Arbeit und dabei Geld verdienen" ausprobiert, meine Pläne umgeworfen weil diese nicht so gut funktioniert haben. Wie auch bei meiner Kinderschmink Firma. Das Kinderschminken hat im Sommer sehr guten Umsatz erwirtschaftet aber einfach nicht so viel, dass es zum Leben gereicht hätte. Ich war von Frühjahr bis Herbst jedes Wochenende neben meinem 40 Stunden Vollzeitjob in ganz Bayern unterwegs und habe Kinder bemalt. Im Winter waren natürlich keine Events, bei denen meine Dienstleistung Sinn gemacht hätte und somit keine Aufträge. Das habe ich am Anfang nicht bedacht. Mein Ziel vor Augen habe ich dadurch nicht verloren.

Sehr oft ändert sich durch das „TUN" und durch die Ergebnisse einer Sache der Weg. Diese Aha- Effekte und Erfahrungen, die dich deinen anfänglichen Plan überdenken lassen sind normal und gehören wie Butter auf die Breze.

Die anstrengende aber auch wundervolle Erfahrung mit meiner ersten Unternehmensgründung bereue ich in keiner Weise. Es hat mich einen meiner Lebensabschnitte begleitet und dazu beigetragen diese Person zu werden, die ich heute bin. Habe ich versagt nur weil es nicht so funktioniert hat wie ich es mir vorgestellt habe? Mit einem klaren Nein zu beantworten! Mein Weg sollte hier nicht enden. Mein Plan hat nicht funktioniert, ich habe diesen geändert. Dazu mehr im nächsten Kapitel.

Der Avocado Typ

Wer schneller in die Umsetzung kommt als andere hat einen entscheidenden Vorteil. Werde nicht zu einem Avocado Typ, der Ewigkeiten nur Pläne schmiedet aber letztendlich nie in die Umsetzung kommt. Vielleicht kennst du genau solche Menschen. Der Avocado Typ ist das genaue Gegenteil von dem Pony Reiter Typ. Es sind die Leute, die zwar einen Traum verfolgen aber länger planen und abwarten als notwendig. Als Avocado Liebhaber hat man sehr oft das Phänomen, dass bereits im Supermarkt eine Diagnose der Reife getroffen wird oder manchmal vor lauter Verunsicherung die Avocado einfach wieder in das Regal wandert. Diese kleinen Dinger sind wie Überraschungseier. Keiner weiß genau was man bekommt. Wird zu lange gewartet, kann diese Frucht ungenießbar werden. Wartest du zu lange mit der Umsetzung deiner Idee, kann diese ungenießbar werden. In Form von Zweifel und Bedenken. Umgehe dieses Avocado Phänomen mit einer strukturierten Planung.

"Kennst du das Phänomen bei Avocados? Jede ist wie ein Überraschungsei. Lässt man sie zu lange liegen ist diese irgendwann im inneren mit schwarzen Stellen gespickt und ungenießbar."

@kathrin_benedikt

Die Orientierungshilfe

Deine Idee ist geboren, du hast einige Aufgaben vor dir. Wo fängst du an und wo hörst du auf? Wie schon im ersten Schritt geschrieben, hat meine Mutter früher immer gesagt: Wer schreibt der bleibt! Ihrem Rat bin ich bis heute treu geblieben. Einen Business Plan mit den Aufteilungen der Prioritäten ist sehr wichtig. Dieser Plan für dein Geschäft ist eine strukturierte Zusammenfassung deiner Ideen und der Umsetzung. Ich habe damals meinen Business Plan selbst geschrieben, da dieser nur mein persönlicher Fahrplan war. Eine Hilfestellung für meine Orientierung habe ich auf der Seite von dem "Bundesministerium für Wirtschaft und Energie" gefunden. Dort ist alles sehr genau beschrieben und kann ich dir an dieser Stelle als Tipp mitgeben.

Der Friedhof

In meiner Anfangszeit wurde mir auf einem Event von einem sehr erfolgreichen Unternehmer folgende Frage gestellt:
"An welchem Ort gibt es die meisten Ideen, die nie umgesetzt wurden?" "Ich weiß es nicht.", entgegnete ich ihm fragend.
"Das ist der Friedhof! Dort sind die meisten Ideen, Träume und Visionen begraben, die niemals in die Tat umgesetzt wurden", antwortete er mir. "Mach was aus deinen Träumen."

Wie als wäre es gestern gewesen, kann ich mich an diese prägenden Worte erinnern. Mir lief ein kalter Schauer über den Rücken und ich habe unter meinem Pulli die Gänsehaut gespürt. Lange habe ich über diese Worte nachgedacht. Wie viele Menschen sind am Ende ihres Lebens angekommen und denken sich "hätte ich nur..."!?

"Gebe dir selbst das Versprechen, deine großartigen Ideen und deine Träume nicht auf dem Friedhof zu begraben."

@kathrin_benedikt

Ich rate dir, all deine Gedanken, die dir beim Lesen dieses Buches kommen zu notieren. Manchmal kommen Ideen, die du prüfen solltest, ob sie funktionieren oder auch nicht.
Mit Hilfe der nachfolgenden Schritte und erprobten Tipps wirst du das locker leicht umsetzen.

Das Arbeitstool "MeisterTask"

Ich nutze wie viele andere Unternehmer als organisatorische Hilfe neben dem Business Plan das Online Tool „MeisterTask" als meinen persönlichen Helfer. Ob du das letztendlich so handhaben möchtest, bleibt natürlich dir überlassen.

Es gibt verschiedene Menschentypen, die mit einer Methode effektiver arbeiten oder auch nicht. Es gibt Menschen, die sofort starten und es gibt Menschen, die das nicht tun: Der typische Avocado Typ! Verliere dich nicht in irgendwelchen Details, sehe Fehler als learning und nutze diesen Vorteil. Jetzt!

Das bereits genannte Arbeitstool „MeisterTask" kann ich dir sehr empfehlen, damit du den Überblick deiner Aufgaben bewahrst. Mir hilft es bei all meinen to do's enorm - sogar für das Schreiben dieses Buches nutze ich es. Dieses Projekttool ist in der kostenfreien Version völlig ausreichend. Es gibt die Spalten „Offen", „Aufgaben", „In Bearbeitung" und „Abgeschlossen". Dort kann man sich alle to do's notieren, eine Timeline bzw. Projektzeitplan erstellen.

„MeisterTask" optimiert deine Arbeitsabläufe und steigert deine Produktivität. Du kannst einen vordefinierten Workflow nutzen um richtig effizient zu arbeiten oder dir einen eigenen maßgeschneiderten Workflow erstellen. Sehr nützliche Tools sind hier auch die Checklisten, die du in überschaubare Teillisten splitten kann, oder auch die Zeiterfassung, die genau aufzeichnet wie lange du für eine Aufgabe benötigst. Somit kannst du deine Projekte fokussierter angehen und Ablenkungen vermeiden.

Wer sofort in die Umsetzung kommt, hat einen großen Vorsprung und entscheidenden Vorteil. Schreibe bereits die nächsten Kapitel, die in diesem Buch kommen als Aufgaben in dein „Meistertask" und nutze die Spalte "Offen" dafür. So kannst du dir bereits Notizen machen. Schon jetzt bist du allen anderen einen großen Schritt voraus.

Du schätzt dich selbst als der typische Avocado Typ ein?
Wenn ja, dann ist es jetzt umso wichtiger diese Aufgabe sofort zu erfüllen. Verändere deine Denkstruktur!

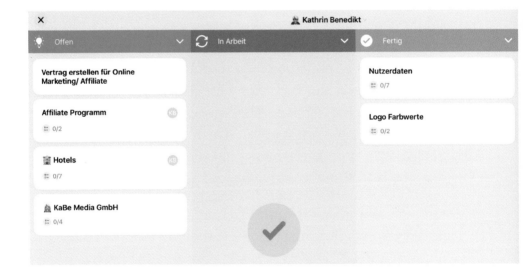

HIER SIEHST DU EINEN TEIL VON MEINEM MEISTERTASK

SCHRITT 2

ZIELGRUPPE

EINEN BREAKDANCE KURS IM ALTERSHEIM ANBIETEN

"Du musst wissen wer deine Zielgruppe ist, was diese Menschen gerne machen, wer ihre Freunde sind, was sie lesen, denken, fühlen, welche Ängste sie haben. Sei du selbst dein bester Kunde."

@kathrin_benedikt

Ein sehr wichtiges Kapitel um genau die Menschen zu finden, die dein Produkt kaufen, für deine Dienstleistung bezahlen oder dir als Fan folgen sollen. Jetzt kommen wir zu den notwendigen Boxenstopps, die du auf der Rennstrecke zu deinem Ziel einlegst, um dann mit mehr Power als zuvor weiterzufahren.

Die Zielgruppe in Social Media

Die meisten Social Media-Nutzer in Facebook und Instagram sind um die 30 – auch in Deutschland. Das globale Social-Media-Publikum ist in dieser Zeit erwachsen geworden, wobei die Altersgruppe der um die Dreißigjährigen heute den größten Anteil unter den weltweiten Nutzern stellt. Doch das ältere Publikum ist auch stärker vertreten als man annimmt – so berichten die verschiedenen Plattformen wie zum Beispiel Facebook, dass die Nutzeranzahl über 55-Jähriger die der Nutzer unter 18 übersteigt.

(Quelle: https://blog.hootsuite.com/de/social-media-statistiken-2019-in-deutschland/)

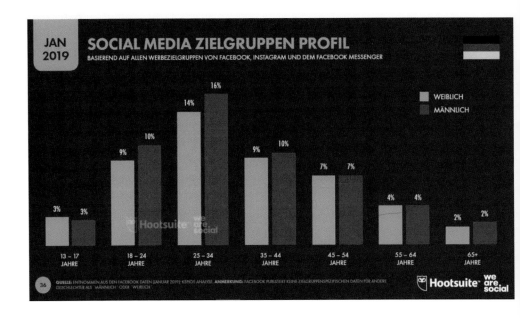

Wie deine Zielgruppe tickt

Zur Findung deiner optimalen Zielgruppe wendest du eine erste simple Methode an: Gib dein Produkt oder deine Dienstleistung bei der Suchmaschine Google ein und schaue wie der Wettbewerb die Menschen anspricht. Versuche es mit verschieden zusammengestellten Suchbegriffen. Diese Fragen solltest du dir stellen:

* **Welche Fotos werden für die Ansprache verwendet?**
* **Welche Altersgruppe wird angesprochen?**
* **Wie kommuniziert der Wettbewerb mit der Zielgruppe?**

Prüfe, ob die Zielgruppe, die du im Kopf hast auch wirklich passt. Jeder weiß, dass Google die meistbesuchteste Suchmaschine der Welt ist. Google bearbeitet täglich mehr als drei Milliarden Anfragen und spuckt zu jedem Thema etwas aus.

Informiere dich im zweiten Schritt in Instagram, Facebook und YouTube - schreibe dir die Dinge auf, die dir gleich ins Auge stechen und dich ansprechen. **Schaue dir die Seiten aus dem Blickwinkel an, als wärst du ein potenzieller Kunde. Analysiere und recherchiere.**

"Du musst das Rad nicht ganz neu erfinden. Nutze doch einfach das, was bereits da ist."

@kathrin_benedikt

Stelle eine Frage und du bekommst die Antwort

Noch detaillierte Informationen erhältst du auf der folgenden Homepage: www.answerthepublic.com

Hier stellst du einfach die Sprache auf Deutsch ein und dein Thema als Schlagwort z.B. „Online Marketing" eingeben.

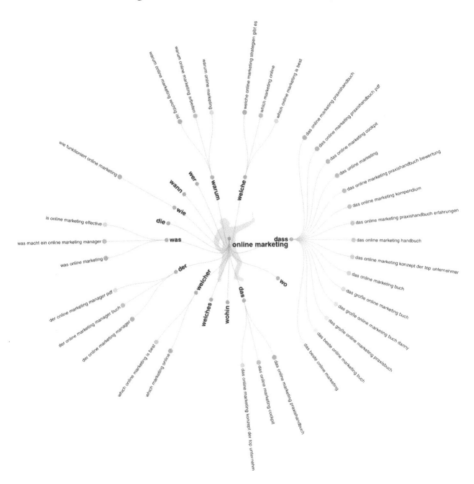

Interessant ist hier, dass die Fragen angezeigt werden, die in Kombination mit diesem Schlüsselwort gestellt werden

könnten bzw. im Netz dazu gestellt wurden. Du bekommst genau die Antworten, auf die wichtigsten Fragen, die deine Zielgruppe stellt. Und es ist auch eine große Hilfe bei der Recherche, wenn man „um die Ecke denken möchte".

Das Tool answerthepublic.com trägt die von Google vorgeschlagenen Auto-Suggests für ein bestimmtes Keyword zusammen und stellt diese visuell dar.

Du solltest deine Zielgruppe kennenlernen
Diese Grafik beschreibt hervorragend, mit ein wenig Humor, wie zum Beispiel ein Produkt von "Kunden" empfunden wird und wie sie doch letztendlich bei den Nutzern ankommt.
(Quelle Bild, Instagram Profil: piterskii_punk)

Dein perfekter Wunschkunde

Mit Sicherheit hast du dir schon einmal gedacht, dass du genau so einen Kunden gerne hättest. Die detaillierte Beschreibung deines Wunschkunden ist eine Grundlage. Auch schaffst du die beste Voraussetzung für zielgerichtete Werbung und die richtige Ansprache der relevanten Zielgruppe. Der perfekte Wunschkunde, oder auch Kunden-Avatar stellt im Grunde die Zielgruppe in einer einzigen Person dar. Der Kunden-Avatar ist eine fiktive Person, die vor deinem geistigen Auge entsteht, wenn du an deinen perfekten Kunden denkst. Denn mit diesen Kunden bereitet dir das Arbeiten richtig Freude und ist gerade auch deshalb für beide Seiten so erfolgreich.

Erstelle mit Hilfe der Fragen deinen persönlichen Kunden-Avatar. Gebe deinem Wunschkunden einen Namen und ein Aussehen.

"Wer jede Person anspricht, spricht im Endeffekt Niemanden an."

@kathrin_benedikt

Dein Kunden-Avatar

Welcher Wohnort: In welchem Ort bzw. Bundesland wohnen die Kunden, welche du mit deinem Angebot ansprechen willst?

Welches Geschlecht: Zielst Du auf Frauen und/oder Männer ab?

Welches Alter: Für welche Altersgruppe ist es interessant?

Welcher Familienstand: Stehen Singles und/oder Paare, Familien im Fokus?

Welche Berufsgruppe: Ist es für eine spezielle Berufsgruppe gemacht?

Gibt es weitere Merkmale, welche ein Zielkunde aufweist? (Bildung, Religion, Nationalität)

Mein zweiter Versuch

Ich lege dir in diesem Kapitel alle meine Tools offen, die du nutzen kannst. Das ganze Wissen habe ich von den besten Marketingexperten der Welt übernommen, Erfahrungen durch Projekte von meinen Kunden gesammelt und natürlich durch den Aufbau meiner eigenen Marke.

In meinem letzten Vollzeitjob bei einer der führenden Krankenkassen hat mich tagtäglich das Thema Gesundheit beschäftigt. Jeden Tag mit hauptsächlich kranken Menschen als Kunden umgeben zu sein, hat mich angefixt mehr über das Thema Prävention zu lernen.

Erstmals nur für mich durch bewusstere Ernährung im Alltag und dem fast täglichen Gang in das Fitnessstudio. Da ich früher mit meinem Körper überhaupt nicht zufrieden war und ein paar Kilos zu viel auf den Rippen hatte, spielte es mir in die Karten. Nach und nach habe ich begonnen aus Neugier und Interesse einige Fortbildungen als Fitnesstrainerin und Gesundheitsberaterin zu absolvieren, mich mit Themen die in diesem Zusammenhang waren zu beschäftigen. Ich wollte mich perfekt in dem Thema Gesundheit auskennen und eine Expertin darin werden.

Meine schnellen Erfolge und meine Zufriedenheit waren zu dem Zeitpunkt ein entscheidender Faktor, mich nochmals mit dem Punkt Unternehmertum auseinanderzusetzen. Menschen haben mich angesprochen, wie ich es denn geschafft habe so viel abzunehmen und was denn mein Geheimnis sei. Zu diesem Zeitpunkt habe ich mein Social Media Profil in Instagram eingerichtet und begonnen verschiedene Dinge aus meinem Leben zu posten. Darunter auch das Thema Gesundheit.

Wer neugierig ist, der scrollt bei meinem Instagram Profil kathrin_benedikt ganz nach unten. Umso mehr Freude ich hatte, den Menschen auch zu helfen und umso mehr Aufmerksamkeit ich bekommen habe, desto motivierter war ich. Noch gesünder essen, viel Sport und einfach ein Vorbild zu sein waren mein Ansporn. Es war ein tolles Gefühl, so viel Anerkennung für das zu bekommen was mir von Herzen Freude bereitet.

Eines Tages in der Arbeit, gelangweilt am Schreibtisch sitzend und mit der Ungeduld im Nacken, wann denn endlich Feierabend ist, fing dieser verrückte Traum an.

Dieser Traum, wie ich Menschen helfe, sich auch wieder gut im Körper zu fühlen. Ich sah mich schon in einem Fitnessstudio eine Frau trainieren, die voller Freude und Motivation Ihre Übungen ausführt. Ich sehe mich an einem Schreibtisch sitzend und individuelle Ernährungspläne schreiben. Ich sehe mich, wie ich Menschen helfe, ihr persönliches Ziel zu erreichen und wie ich endlich mit Leichtigkeit und voller Glück durchs Leben spaziere. Vielleicht komme ich in diesem Bereich meinem großen Ziel der "Freiheit im Leben" näher, jeden Tag tun und lassen zu können was mich wirklich glücklich macht.

Mein Verstand hat sich sofort eingeschaltet und das alles für Humbug erklärt. Wie willst du das denn schaffen? Du hast doch gar keine Zeit dafür! Wenn das so einfach wäre, würde das doch jeder machen! Behalte deinen sicheren Arbeitsplatz! Genau die gleichen Zweifel wie bei meiner ersten Unternehmensgründung. Ich war wieder deprimiert. Stimmt! Ich würde das nie alles alleine schaffen. Der Gedanke war so schnell er kam auch wieder verworfen. Es sollte sich alles zum Besten wenden.

Ein besonderes Treffen
Ein paar Monate später, es war ein kalter Wintertag, stürmisch und ein paar Regentropfen nieselten herab, als ich müde nach der Arbeit zu meinem Auto ging.

Ich kann mich noch erinnern, als wäre es gestern gewesen. Mit meiner tief in das Gesicht gezogenen Kapuze sperrte ich mein Auto auf. An der Fensterscheibe hing eine Visitenkarte, die ich als Werbung abgetan habe und schon zerknüllen wollte. Eine gekritzelte Notiz war auf der vermeintlichen Werbevisitenkarte: "Es könnte sein, dass ich ihr Auto angefahren habe!" Was für ein Idiot. Wie kann denn so etwas passieren? Mein Auto habe ich rundherum abgesucht und keinen Schaden entdecken können.

"Ein Zufall ist, wenn eine glückliche Situation zum richtigen Zeitpunkt zu dir findet."

@kathrin_benedikt

Am nächsten Tag habe ich die Nummer, die auf der Karte stand angerufen und einen sympathischen Mann in der Leitung gehabt. Er wusste anscheinend nicht genau, ob wirklich ein Schaden entstanden sei als er ausparkte. Ich fragte mich, wie denn so etwas gehen sollte. Mir gegenüber machte er einen wenig verplanten Eindruck. Ich weiß nicht mehr wie das Thema aufgekommen ist, aber wir stellten fest, dass wir Nachbarn sind und sogar gemeinsame Freunde haben. Zufall? Er hat partout darauf bestanden mich für das Missverständnis einzuladen. Ich sagte zu. Dies sollte sich dann zu einer Geschichte entwickeln, die verrückter nicht anfangen hätte können.

Bonny und Clyde

Bei dem Treffen haben wir viele Gemeinsamkeiten entdeckt. Beide dem noch unerfüllten Traum von Freiheit und den Drang etwas Eigenes auf die Beine zu stellen hat uns von Anfang an verbunden. Gefühlt wie mein Retter in der Not, wie der Prinz der auf dem weißen Schimmel angeritten kommt und die Prinzessin befreit. Oder wie Bonny und Clyde auf einer gemeinsamen Mission. Wir beide haben fast zeitgleich unsere Selbstständigkeit begonnen und uns jeden Tag gegenseitig Mut gemacht. Das war mein Startschuss.

Wir eroberten für eine bestimmte Zeit gemeinsam die Welt: Wir haben uns auf das "Pony" gesetzt, die Zügel in die Hand genommen und sind trotz einigen Umwegen Richtung Ziel galoppiert.

Ein entscheidender Satz, den ich mir damals bei jedem kleinen Zweifel gestellt habe und mich sogar bis heute begleitet: "Was kann schlimmstenfalls passieren, wenn ich versage?" Meine Antwort beim ersten Mal: "Naja, es kann sein, dass ich meine Rechnungen nicht mehr bezahlen kann! Das ich keine Kunden finde! Ich weiß ja nicht mal wie ich starten soll!" Es findet sich immer eine Lösung. Aber nur wenn dein Mut größer ist als deine Ausreden.

"Nur den gehenden und mutigen Menschen ebnet sich der Weg unter den Füßen."

@kathrin_benedikt

Ich war anfänglich der typische Avocado Typ und habe mich im Reifen meiner großen Ziele und Planungen verirrt. Doch wie sollte es anders sein, dass es anfänglich an der Umsetzung scheiterte.

Niemand hat mir das gesagt, was ich hier schreibe und dir mitgeben möchte. Und es gibt dafür auch einen ganz einfachen Grund. Keiner in meinem Umfeld war ein erfolgreicher Unternehmer oder hat sich jemals mit der Gründung einer Firma beschäftigt. Und auch zu diesem Thema sage ich immer wieder, dass du nur die Menschen um Rat bitten solltest, die selbst diesen oder einen ähnlichen Weg gegangen sind.

Der Pustekuchen

Nach ein paar Wochen war ich immer noch entzückt von dieser Idee mich im Gesundheitsbereich selbstständig zu machen. Doch wie sollte ich jetzt starten? Pläne hatte ich zu genüge. Wie ein Wink mit einem Zaunpfahl blätterte ich in meiner Mittagspause in der Wochenzeitung und las ein Stellenangebot als Fitnesstrainerin. Kurzerhand habe ich mich beworben. Für ein Dualstudium als Fitnessökonom wurde ich angenommen, Arbeitsvertrag unterschrieben, mich von meinem alten Job verabschiedet und es stand gefühlt nichts mehr im Weg.

Pustekuchen. Als meine Familie davon Wind bekommen hat, waren sie entsetzt, wie ich meinen sicheren und gut bezahlten Job kündigen konnte. Wenn ich so darüber nachdenke, wäre ich als Elternteil auch erschrocken gewesen, wenn meine Tochter mit einer so augenscheinlichen „Schnapsidee" ankommt. Die anfängliche Skepsis war vergessen als sie verstanden haben, wie wichtig es mir ist meinen Traum zu leben.

"Nehme nur den Rat von Menschen an, die bereits deinen Weg erfolgreich gegangen sind."

@kathrin_benedikt

Positionierung als Experte

Neben dem Job als Trainerin habe ich für Frauen persönliche Ernährungsberatungen gegeben, Fitnesspläne umgesetzt, Gesundheitsprodukte empfohlen und so noch nebenbei Geld verdient. Unabhängig von der Wirtschaftlichkeit, hat mir das so viel Freude bereitet den Menschen zu helfen. Das Thema Vermarktung durch Werbung mit Social Media sollte zu diesem Zeitpunkt schon mein Thema werden. Ich wusste es nur noch nicht.

Ich habe gelernt, dass Werbung und der Verkauf von einem Produkt ein Gefühl bei dem Interessenten erzeugen muss. Es sollten Emotionen geweckt werden. Zeige den Menschen welche positiven Veränderungen das in ihrem Leben hervorruft. Das erreichst du mit Kreativität, "um die Ecke" denken, auffallen und Aufmerksamkeit erzeugen.

"Versuche ein Gefühl bei deinen Interessenten zu wecken um dann eine tiefe Sehnsucht mit deinem Produkt zu stillen."

@kathrin_benedikt

Ich hatte vor 6 Jahren keine Ahnung was ich in Instagram posten sollte. Mal hier ein Foto von einer Freizeitaktivität, dann ein Foto wie ich mich vor einem Kinderschmink Event bemalt habe, dann die Anfänge mit Ernährung und Fitness. Abgesehen von der schlechten Qualität der Fotos ist es kein Mehrwert für jemanden, der auf mein Profil war. Ich hätte mich damals bei meinem Profil als Außenstehender gefragt: Was macht sie denn jetzt genau? Du solltest dich auf ein, maximal zwei Themen fokussieren. Die Schwierigkeit ist sonst da, sich als Experte zu positionieren und ernst genommen zu werden.

AUSSCHNITT AUS MEINEM INSTAGRAM PROFIL IM JAHR 2014

Mit Kniebeugen zur ersten Million

Ich möchte dir ohne langes Vorgeplänkel zeigen, was bei mir funktioniert hat. Ich habe glückliche Kunden beim Trainieren fotografiert und gepostet, vorher-nachher-Fotos auf denen zu sehen war, was sie erreicht hatten. Habe von den positiven Feedbacks einen Screenshot gemacht und gepostet um zu zeigen, was mit meiner Hilfe möglich ist. In meiner Facebook Gruppe konnten sich Interessierte informieren und die Erfolge der anderen sehen. Ich habe bei meinen Interessenten versucht, eine Sehnsucht zu wecken. Das Gefühl genau dieses Erfolgserlebnis auch haben zu wollen. Dadurch kamen von Zeit zu Zeit immer mehr Kunden hinzu. In der WhatsApp Gruppe für meine Kunden habe ich innerhalb kurzer Zeit auf alle Fragen geantwortet und wollte damals besseren Service als meine Mitbewerber anbieten. Ich bin der festen Überzeugung, dass ein außergewöhnlicher Service ein entscheidender Empfehlungsfaktor ist und dem Kunden die Kaufentscheidung enorm erleichtert.

Diese Strategie, welche damals hervorragend funktioniert hat, kannst du überall mit etwas Kreativität anwenden.

Der simple Trick ist, die direkte Ansprache deiner Zielgruppe bei jeglicher On- oder Offline Werbung. Die Werbung muss zu deiner Zielgruppe passen. Meine Zielgruppe waren damals Frauen, zwischen 25 und 35, die sich wieder richtig wohl in ihrem Körper fühlen möchten. Positioniere dich als der Experte/ die Expertin in deinem Geschäftsfeld.

Reflektiere deine Vorgehensweise während dem Aufbau mit folgenden Fragen:

- ❖ **Würde ich bei mir selbst das Produkt kaufen, so wie ich es anbiete?**
- ❖ **Wie kann ich einen entscheidenden Mehrwert schaffen?**

Wenn du dies wirklich mit einem klaren JA ohne zu zögern beantworten kannst, bist du auf dem richtigen Weg.

"Nicht zu wissen welche Menschen du mit deiner Dienstleistung oder deinem Produkt ansprechen möchtest, ist wie in einem Altersheim einen Kurs für Breakdance anzubieten."

@kathrin_benedikt

SCHRITT 3

CORPORATE IDENTITY

DIE NEUE VISITENKARTE DER ZUKUNFT

"Die Zukunft hängt von dem ab was wir heute denken und tun."

@kathrin_benedikt

Immer wieder werden Fragen zum Erscheinungsbild des Unternehmens gestellt. Nachfolgend eine allgemeine Erklärung zur Corporate Identity.

Corporate Identity oder kurz CI (von engl. corporation für ‚Gesellschaft', ‚Firma' und identity für ‚Identität') ist die Gesamtheit der Merkmale, die ein Unternehmen oder Organisation kennzeichnen und es von anderen Firmen klar unterscheidet.

Corporate Identity sind Merkmale und Charakteristika eines Unternehmens. Kurz: Eine CI macht ein Unternehmen einzigartig, sie dient der Selbstdarstellung. Wobei unter dem Wort der Corporate Identity viel mehr zusammengefasst wird, als zunächst gemeint: Die Unternehmenskultur und -philosophie, die Kommunikation nach außen, die Gestaltung und das Design von Logo, dem Büro bis in zur Webseite – dies alles gehört zur Corporate Identity.

Diese drei grundlegenden Bereiche gehören dazu:

1. Corporate Design
Das Corporate Design (CD) ist die visuelle Identität des Unternehmens. CD beschäftigt sich mit der Gestaltung von Unternehmenslogo, der Webseite und weiteren Auftritten des Unternehmens, beispielsweise mit den Visitenkarten, Flyern, Werbeanzeigen und dem Briefpapier.

Das Corporate Design sollte sich wie ein roter Faden durch die Inneneinrichtung der Geschäftsräume und z.B. Der Arbeitskleidung ziehen. Zum CD können auch Merkmale sein, wie beispielsweise einen Slogan in der Werbung, der deinen Wiedererkennungswert steigert.

Bekannte Werbeslogan:
❖ Haribo macht Kinder froh und Erwachsene ebenso.
❖ Saturn - Geiz ist geil.
❖ Toyota - nichts ist unmöglich.
❖ Mc Donalds - ich liebe es.

Diese Werbeslogan haben sich bei mir so manifestiert, dass ich sie im Schlaf aufsagen könnte. Wenn ein Werbeslogan für dich interessant ist, dann stelle mehrere Beispiele auf und gestalte eine Umfrage.

2. Corporate Culture
Die Unternehmenskultur befasst sich mit dem Konzept der Kommunikation in den Bereichen wie den Handlungsweisen, aber auch mit der Ausrichtung auf Moral und ethischen Grundsätzen.

3. Corporate Communication
Die Corporate Communication fasst somit als Konzept der Kommunikation alle Verhaltensweisen der Mitarbeiter des Unternehmens zusammen: Was wird kommuniziert und wie wird es kommuniziert.

Du solltest dir die essentielle Frage stellen, wie wichtig und dringend es für deinen Business Aufbau ist, eine gesamte Corporate Identity zu erstellen.

"Kunden kaufen kein Produkt aufgrund eines schönen Flyers. Sie kaufen die Emotionen, das Ergebnis und die Gefühle welche sie damit erleben könnten."

@kathrin_benedikt

Folgende Fragen habe ich mir anfangs gestellt:

❖ Wie viel Mehrwert biete ich während meinen Anfängen den Kunden durch ein Logo von einer Grafikerin, welches zwischen 250 - 600€ kostet? Investiere ich das Geld vorerst lieber in sinnvollere Marketingaktionen, die mir sofort Gewinn bringen?

❖ Sollte ich Visitenkarten und/oder Flyer drucken oder orientiere ich mich an der digitalen Welt? Entscheide aus dem Aspekt, wie du mit Flyern oder Visitenkarten selbst umgehst, wenn du sie bekommst. Landen diese im Müll oder haben sie für dich eine höhere Wertigkeit?

Wer gibt vor, dass eine Visitenkarte oder Flyer für einen erfolgreichen Business Aufbau notwendig sind? Nur weil es alle machen, machst du es auch? Es gibt in der heutigen Zeit effektivere Methoden, um auch die richtigen Menschen, deine richtige Zielgruppe zu erreichen.

Ich bin ein Fan davon, alles so einfach, effektiv und vor allem finanziell sinnvoll wie möglich zu halten. Das rate ich auch dir. Wenn du unbedingt ein Logo möchtest, gibt es z.B. kostenfreie Apps um ein Logo zu entwickeln oder der Online Marktplatz Fiverr.com, bei dem du dir bereits ab 15€ ein sehenswertes Logo erstellen lassen kannst und das hat fürs erste eine ausreichend gute Qualität.

Es gibt für den Anfang z.B. auch kostenlose Visitenkarten bei Online Anbietern. Persönlich bin ich kein Freund davon.

Das ist meiner persönlichen Meinung nach und in meiner Branche verschwendete Zeit und Papier. Natürlich biete ich dir eine smarte Lösung an. Denn bei Veranstaltungen oder Seminaren ist der Austausch von Kontaktdaten interessant und erweitert dein Netzwerk.

Frage bei einer neuen Bekanntschaft gleich nach dem Facebook oder Instagram Account und vernetze dich so. Das hat einen sehr großen Vorteil. Du bist sofort in der Freundesliste deines neuen Kontaktes und somit auch für andere Menschen sichtbar. Ebenfalls erspart es dir Zeit, die Kontaktdaten einzupflegen. Gleich zwei Fliegen mit einer Klappe geschlagen. Meiner Meinung nach sind Instagram, Facebook oder sonstige Social Media Profile die digitale Visitenkarte der Zukunft.

"Social Media Kanäle wie Instagram und Facebook sind die neuen Visitenkarten und Flyer der Zukunft!"

@kathrin_benedikt

ALLEINSTELLUNGSMERKMAL

"Das was dich von allen anderen unterscheidet, ist das was dich besonders macht."

@kathrin_benedikt

Im Jahr 2018 habe ich mir genau über dieses Thema, mein Alleinstellungsmerkmal und was mich von anderen unterscheiden soll, Gedanken gemacht. Gefühlt habe ich mir den Kopf zerbrochen und es war nicht von Anfang an klar, dass es die Farbe rot wird, die sich in meinem Profil fortlaufend widerspiegelt.

Meine Gedanken dazu habe ich mir alle notiert. Meistens sind die Ideen gekommen, als ich gar nicht bewusst darüber nachgedacht habe. Auch habe ich andere Profile studiert und bin meinem Leitsatz treu geblieben: Sofortige Umsetzung meiner Ideen und testen.

So wird sich der Weg ganz allein unter die Füße schieben. Ich bin ein Ponyreiter, der die Zügel selbst in die Hand nimmt. Bis die Entscheidung und der erste Testlauf für die Farbe rot endgültig gefallen ist, sind ungefähr 2.5 Monate vergangen.

Mit der Pommesgabel zum Erfolg

Über ein besonderes Alleinstellungsmerkmal, welches ein Unternehmen repräsentieren sollte, machen sich viele Firmen keine Gedanken und verpassen so den Sprung auf das Siegertreppchen.

Der Kickbox Weltmeister

Das Markenzeichen von dem vierfachen Weltmeister im Kickboxen Ibrahim Karakoc ist zum Beispiel ein bestimmtes sehr bekanntes Handzeichen, die „Rocker-Finger". Unter Metal-Fans auch besser bekannt ist als „Pommesgabel". Diese Geste wird auch bei Konzerten genutzt, um zur Musik abzurocken. Für ihn bedeutet es vor allem, seine Kunden zu motivieren. "Das Leben zu rocken und alles erreichen zu können", ist sein Motto.

Ibrahim ist ein sehr guter Freund und Geschäftspartner. Wir versuchen uns regelmäßig zu treffen und auszutauschen. Er ist ein sehr gutes Beispiel für eine erfolgreiche Karriere vom Einzelhandelskaufmann zum vierfachen Weltmeister im Kickboxen. Im Alter von 28 Jahren wurde er deutscher Meister im Kickboxen. Ein Jahr später folgte der Sieg als Europameister und mit 30 Jahren dann der Weltmeistertitel.

Heute führt er in meiner Heimatstadt Landsberg am Lech ein erfolgreiches Kickbox- und ein Personaltrainer Studio.

Sei anders als alle anderen

Unterbewusst nehmen wir sehr viele Dinge wahr, die wir im Alltag nicht sehen. Bei mir ist es so, dass ich diese Geste von Ibrahim verinnerlicht habe und immer an ihn denke wenn ich das Handzeichen sehe. Auf jedem Foto, welches wir gemeinsam machen, sind automatisch die "Rocker-Finger" zu sehen. Das Zeichen gehört einfach zu ihm und ist in meinem Kopf verankert. Das ist ein Alleinstellungsmerkmal.

Christian Bischoff, Redner und Autor mehrerer Bücher, trug in der Vergangenheit auf den meisten Fotos und Seminaren ein rotes Stirnband als sein Markenzeichen. Das hat sich so fest bei mir eingebrannt, dass es mir sofort zu diesem spannenden Thema "Alleinstellungsmerkmal" eingefallen ist.

Was macht dich besonders?

Kannst du dich durch etwas spezielles hervorheben? Überlege dir, was dich besonders macht. Die Menschen sollen dich daran erkennen.

Dein Alleinstellungsmerkmal muss natürlich fortlaufend und konstant in deinem Markenaufbau sein. Etwas Besonderes eben. Die Leute kaufen wegen dir. Die Leute folgen dir wegen deiner Persönlichkeit! Nehme die Leute mit auf deine ganz besondere Reise.

Sie wollen lediglich die Emotionen und Ergebnisse fühlen, welche sie nach dem Kauf bekommen. Löse Gefühle in den Menschen aus.

Dein Alleinstellungsmerkmal

Gibt es eine Farbe mit der du sehr gerne interagierst?

Ist es ein bestimmter Gegenstand, den du immer auf einem Foto verwenden könntest und auch stimmig ist?

Sind es spezielle Körperhaltungen wie beispielsweise Handzeichen (siehe Ibrahim Karakoc), die du gut findest und die dein Markenzeichen sein könnten?

....

....

....

Was Dating mit Werbung zu tun hat

Dazu noch ein letztes Beispiel speziell aus dem Bereich der Partnervermittlung, da es hier nochmals sehr gut beschrieben werden kann. Sobald du die Werbung siehst, entsteht sehr schnell ein genaues Bild dieser Partnerbörse. Jeder kennt die Werbung im Fernsehen, bei der ein gut aussehender Single Mann oder schöne Single Frau mittleren Alters in die Kamera lächelt oder verliebte Paare zu sehen sind. Diese Marke bleibt seit Jahren ihrer Linie mit schwarz weißen TV Spots treu, wird sofort wiedererkannt und setzt sich durch ein blaues Element im Spot von den Mitbewerbern ab. Der direkte Blick in die Kamera und zum Zuschauer stellt eine emotionale Bindung her. Diese Videos wecken Sehnsüchte in uns, beeindrucken durch die attraktiven Menschen und erzeugen eine Hoffnung in jedem, der auf Partnersuche ist.

Diese Werbung soll deine tiefsten Gefühle ansprechen. In deinen Gedanken soll sich ein Bild manifestieren, dass du nur über diese Plattform deinen perfekten Mann/Frau findest.

"Die festgelegten Werte geben den Zielen ihre Bedeutung. Und die Werte bestimmen wie du die Ziele erreichst."

@kathrin_benedikt

Werden wir beeinflusst?

Kann uns Werbung wirklich so beeinflussen, ohne das wir es merken? Lange hielt man das für einen Mythos. Doch Studien zeigen, dass dies möglich sein könnte. Eine Studie von der ich letztens gelesen habe war für mich ein möglicher Beweis.

Der niederländische Psychologe Johan Karremans von der Universität Nijwegen zeigte in einem Experiment, wie unterschwellig eingeschnittene Botschaften doch einen Effekt haben können. Er präsentierte seinen Probanden kurze Spots, bei denen sie zählen sollten, wie oft der Buchstabe "B" vorkam. In die Hälfte der Spots hatte er unterschwellige Botschaften eingebaut: Sie enthielten den Namen eines Eistee-Herstellers. Die Kontrollgruppe sah lediglich eine sinnlose Reihe von Buchstaben.

Die unterschwellige Botschaft war jedoch nur ein Teil des Experiments. Beide Gruppen wurden erneut unterteilt: Die einen erhielten vor der Aufgabe Salzgebäck zu essen, die anderen nicht. Im Anschluss bekamen alle Probanden etwas zu trinken, wobei sie zwischen der eingeblendeten Eisteemarke und schlichtem Mineralwasser wählen konnten.

Nun zeigte sich ein erstaunlicher Effekt: Die Gruppe, die vorher Salzgebäck gegessen hatte, also bereits während der Aufgabe durstig war, und zusätzlich die eingeblendete Werbung gesehen hatte, griff tatsächlich zu 80% zum Eistee. Alle anderen wählten gleichmäßig Eistee und Mineralwasser.

Ist das nicht ein verrücktes Experiment, welches zeigen könnte, dass wir unterbewusst doch mehr aufnehmen als wir denken. Von diesen Studien gibt es zu genüge. Ich persönlich glaube daran und habe den Beweis jeden Tag schwarz auf weiß bei den Ergebnissen meiner Projekte.

Reflektiere dich einfach mal selbst im Alltag mit den Produkten die du benutzt.

* **Warum kaufst du genau das Produkt?**
* **Welche Werbung hast du vielleicht dazu gesehen?**
* **Welche Ergebnisse wurden versprochen?**

Ob du daran glaubst oder nicht liegt in deiner Hand. Ergänzend möchte ich sagen, dass ich von Anfang an meine sogenannte Corporate Culture darauf definiert habe, den Menschen nur Produkte oder Dienstleistungen anzubieten die ich erstens selbst für gut befinde und auch ethisch vertretbar sind. Das sollte meiner Meinung nach an oberster Stelle stehen.

SCHRITT 4

CONTENT STRATEGIE

AM HAFEN AUF EINEN ZUG WARTEN

"Auf Erfolg zu setzen ohne etwas zu tun, ist wie am Hamburger Hafen zu stehen und hoffen, dass ein Zug vorbei kommt!"

@kathrin_benedikt

Damit du nicht mit einem großen Fragezeichen an der Hafenkante stehst, sondern am richtigen Bahnhof, gebe ich dir in diesem Kapitel einen genauen Fahrplan mit. Du wirst alle Züge pünktlich erreichen, über alle Verspätungen, somit Herausforderungen im voraus Bescheid wissen und dir einen bequemen Sitzplatz in der 1. Klasse reservieren.

Welche Social Media Kanäle machen für dich Sinn?
Sei smart und prüfe deine Mitbewerber um dir Ideen zu holen. Kopiere nie eine Person sondern kreiere deine eigene

Marke. Somit kommen wir zu dem ersten Punkt in diesem Kapitel. Welche Sozialen Medien für dich und dein Business Sinn machen und wie du es herausfindest, erkläre ich dir jetzt. Es gibt neben Instagram, Facebook, YouTube, Pinterest, LinkedIn noch einige mehr. Wie folgt siehst du einen Report aus dem Jahre 2019, welche Plattformen bevorzugt genutzt werden.
(Quelle: https://blog.hootsuite.com/de/social-media-statistiken-2019-in-deutschland/)

In Deutschland liegt Facebook mit 63% der Internetnutzer, die die Plattform nach eigenen Angaben nutzen, aktuell auf Platz 3. In Deutschland liegt YouTube Stand Januar 2019 mit 76 Prozent hier aktiven Internetnutzern auf Platz 1.

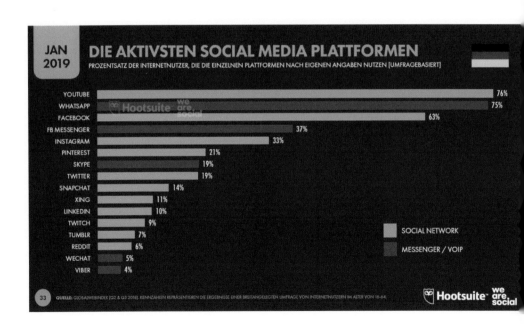

Instagram ist in den Jahren 2018/ 2019 in den prestige-trächtigen „Eine-Milliarde-Nutzer-Club" aufgerückt.

Instagram liegt momentan in Deutschland auf Platz 5: 33 Prozent der hiesigen Internetnutzer sind auf der visuellen Plattform unterwegs, gefolgt von Pinterest mit 21 Prozent auf Platz 6. Ebenfalls aufschlussreich sind die Plätze 10 und 11: Bei den Business-Plattformen liefern sich XING (11 Prozent) und LinkedIn (10 Prozent) in Deutschland ein Kopf-an-Kopf-Rennen um die Nutzer. LinkedIn verzeichnet Stand 2019 mehr als 600 Millionen aktive Nutzer. Wie sich beide Profi-Netzwerke 2019 im deutschen Markt entwickeln bleibt spannend.

Der Social Media Dschungel
Bei mir war diese Frage welche Social Media Plattformen Sinn machen, anfangs ein dichter Dschungel voller Verwirrung. Ich wollte alles auf einmal machen und am liebsten alle Social Media Plattformen bedienen. Mein Plan einfach alles zu machen, konnte ich im Endeffekt nicht schnell genug umsetzen.

Es ging so viel Zeit verloren, mich über alle interessanten Kanäle zu informieren, die Funktionen kennenzulernen, sodass ich die Zügel nicht in die Hand nehmen konnte. Frustration hat sich wegen fehlendem Erfolg sehr schnell breit gemacht. Genau deswegen ist es so wichtig, dass du dir zu Beginn einen Kanal aussuchst, auf der sich deine Zielgruppe wieder findet und aktiv ist.

Letztendlich habe ich mich mit dem Sprichwort weniger ist mehr angefreundet und mich für Instagram und Facebook entschieden. Da diese beiden Plattformen miteinander verknüpft sind, erleichtert es mir zum Beispiel einen Schritt beim Posten meiner Beiträge. Die Funktion in Instagram bei der Veröffentlichung eines Posts automatisch diesen Beitrag ebenfalls auf Facebook zu posten ist sehr wertvoll und zeitsparend. Wenn du eine Plattform beherrschst, kannst du dann immer noch prüfen, ob weitere Kanäle Sinn machen.

Es gibt einige hilfreiche Tools, die ich dir hier im 4. Schritt der Contentstrategie für Instagram vorstellen werde. Von dem Thema wie du Fotos professionell machst bis hin zur einfachen Planung deiner Postings, erkläre ich dir alles.

"Verliere dich nicht im Social Media Dschungel, sondern platziere dich anfangs als Experte in einem Netzwerk."

@kathrin_benedikt

1. Contentstruktur für Instagram

Es gibt sehr viele Ideen, die ich immer wieder mit meinen Kunden umsetze. Menschen lieben Geschichten und deshalb solltest du versuchen Geschichten zu erzählen, die Leute einfangen und mit auf deinen Weg nehmen. Sie werden es spüren wie ehrlich du es meinst. Erzähle von deinen geplanten Schritten, deine Erfolge wie auch Misserfolge. Sei menschlich! Sei greifbar! Interagiere mit deiner Zielgruppe.

Social Media ist persönlich. Deshalb heißt es auch auf deutsch übersetzt soziale Medien. Sei sozial! Ich habe die Erfahrungen immer und immer wieder gemacht, dass Fotos sehr gut ankommen, auf denen das Gesicht gut erkennbar ist, du deine Persönlichkeit mit deinem Alleinstellungsmerkmal zeigst. Vermeide die Verwendung von gekauften oder frei verfügbaren Fotos. Deine Wiedererkennung in den Massen von Fotos in Social Media ist ausschlaggebend. Und das funktioniert nicht mit gekauften Fotos, die zu einem hohen Anteil jemand anderer auch verwendet.

Auch bei dir wird es eine Entwicklungsphase geben, bis du deine perfekte Struktur gefunden hast. Nehme dir Zeit um Profile zu analysieren. Scrolle deren Feed ganz nach unten und du wirst feststellen, dass es bei jedem Profil eine Entwicklung gibt oder sich die Struktur nach und nach verfeinert hat. Traue dich anzufangen. Sattel dein Pony, lege das Halfter an und los gehts. Ich helfe dir bei diesem Schritt mit einer bewährten Strategie. Als erstes analysieren wir gemeinsam Instagram Profile, sodass du weißt was in der Praxis ganz genau zu tun ist.

1. Beispiel - Mein Profil in Instagram, welches du bestimmt schon kennst und unter "kathrin_benedikt" zu finden ist.

Siehst du, wie ich anfangs getestet und probiert habe? Mit rosa ein wenig begonnen, dann habe ich die Bildbearbeitung mit Lightroom für mich entdeckt und alles in einem braunen Ton bearbeitet, bis ich mich schließlich für die Farbe rot entschieden habe. Du siehst an meinem Verlauf, dass ich mir anfangs nicht ganz schlüssig war und durch das Tun eine Entwicklung statt gefunden hat.

Das Wichtigste im Nachhinein: Sofortige Umsetzung und einfach alles probiert, was funktionieren könnte.

2. Beispiel - Hier siehst du das Profil von einem meiner Kunden, der Firma "MillionFriends", welches du unter "millionfriends.de" findest.

Im folgenden Screenshot siehst du die Anfänge des Social Media Profiles in Instagram. Es wurden gekaufte Fotos verwendet, welche zwar nett und sympathisch wirken, aber meiner Meinung nach keine Emotionen transportieren. Letztendlich ist es uns gelungen, einen einheitlichen Feed mit Persönlichkeit und dem passenden Content zu kreieren. Die Sprüche lockern den Feed auf und helfen das fachliche Wissen von dem Ärzteteam in einer spannenden Art zu streuen.

3. Beispiel - Das Profil der Marke "Dirndl Liebe" aus München, welches du unter "dirndl_liebe " findest, verkörpert sehr viele Emotionen. Unter anderem hat diese Marke von meiner lieben Freundin und Geschäftspartnerin Sarah Tack einen Werbeslogan, der sofort die Qualität der Produkte widerspiegelt. "Jedes Dirndl ein Unikat"

Im Vergleich zu der früheren Struktur, Inhalt und dem Aufbau sehen wir einen großen Unterschied. Die Emotionen der potenziellen Kunden werden durch die Models abgeholt. Es sieht wertvoller aus, wenn die einzigartigen Dirndl durch Models präsentiert werden und durch die Pastellfarben eine einheitliche Bildsprache entsteht.

4. Beispiel - Das letzte Beispiel ist von der Parfümerie Wiedemann, mit 23 Filialen in Südbayern und Stammhaus in Bad Tölz. Instagram Name: "parfuemerie.wiedemann"

Auch bei dieser Veränderung ist die einheitliche Bildsprache mit dem eher braunen Ton sehr schön gelungen. Wie auch bei dem zweiten Beispiel, werden durch die Sprüche der Feed aufgelockert. Persönlich finde ich Sprüche, wenn diese zum Profil passen sehr gut. Durch die Models kann die Kaufabsicht der Interessenten gesteigert werden. Hier sind wieder mehr Emotionen im Spiel.

Ich glaube, dass glückliche Mädchen die schönsten Mädchen sind.
Audrey Hepburn

Wahre Schönheit ist zeitlos.
Marilyn Monroe

a Girl should be two things: classy & fabulous
Coco Chanel

2. Content erstellen

Du hast einen entscheidenden Vorteil, wenn du Fotomaterial für deine Postings vorbereitest. Falls es vorkommen sollte, dass du eine bestimmte Zeit krank bist, eine super stressige Arbeitswoche hast oder du dir einfach etwas Zeit sparen möchtest, wird dir das helfen. Es macht Sinn, dass du dir Material für ein bis zwei Wochen vorbereitest. Wenn das anfangs noch nicht möglich ist, versuche dies nach und nach einzubauen. Um herauszufinden was deine Zielgruppe gut findet, kannst du wieder Google und im Facebook Business Manager die Zielgruppen Insights verwenden. Die Erklärung zu den Zielgruppen Insights bekommst du jetzt.

2.1. Zielgruppen Insights im Facebook Business Manager

Durch die Zielgruppen Insights im sogenannten Facebook Business Manager bekommst du ein besseres Verständnis für deine Zielgruppe und für die Planung deines Contents.

Mit den Facebook Zielgruppen-Insights erhältst du noch detailliertere Informationen. So erstellst du einen noch spezifischeren Content und findest mehr Personen, die deiner Zielgruppe ähneln. Du kannst dir Aufschlüsselungen nach Altersgruppe, Geschlecht, Bildungsstand, Beruf, Beziehung und mehr ansehen.

Erfahre mehr über Interessen und Hobbys. Zielgruppen-Insights enthalten zudem Drittanbieterinformationen zu Produkten, an denen mit hoher Wahrscheinlichkeit Interesse besteht.

Die Zielgruppen-Insights geben viele Infos und kombinieren Beziehungsstatus, Einkommen, Familiengröße und Standort, um dich über die Arten von Personen zu informieren, die sich für dein Business interessieren.

Beispiel:
So sieht das Analysetool von Facebook aus. Ich habe in der linken Spalte bei Interessen "Einkaufen und Mode" eingegeben und vereinfacht gesagt, sehe ich bei dieser Auswertung für was sich meine Zielgruppe interessiert. Du kannst hier genau die Interessen eingeben, die auf dich und dein Business zutreffen.

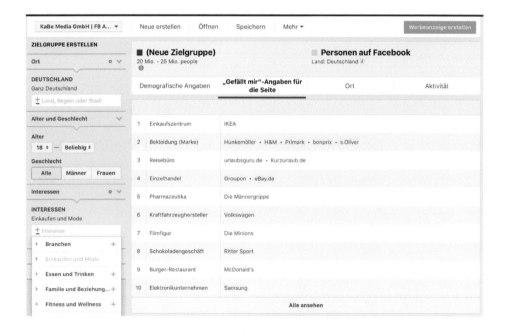

Beispiel Idee:
Findet deine Zielgruppe zum Beispiel „H&M" interessant oder kauft bei „H&M" ein, könntest du in einer Stadt vor einem „H&M" mit Shoppingtüten ein ansprechendes Foto machen, H&M verlinken und den Standort markieren. Wichtig ist hierbei den Zusatz "Werbung da Markennennung".

Recherchiere wo sich deine Zielgruppe aufhält und was für deine Zielgruppe interessant sein könnte. Sei kreativ und denke um die Ecke, wo und wie du deine Fotos machen könntest. Die Einrichtung und Erklärung der Zielgruppen Insights und wie du vorgehst findest du unter nachfolgendem Link.

www.facebook.com/business/insights/tools/audience-insights?ref=ens_rdr

3. Equipment für deine Fotos

Du benötigst kein teures Fotoequipment, keine professionelle Kamera und auch kein Studiolicht zumindest für den Anfang. Viele investieren sehr viel Geld in jegliche Ausstattung ohne jemals ein erstes Foto gemacht zu haben. Wieder dieser typische Avocado Typ. Ich helfe dir hochwertige Fotos mit meinem Leitsatz so einfach und kostengünstig wie nur möglich zu machen. Ich persönlich verwende für alle meine Fotos mein Handy Iphone X. Wenn wir den Kostenfaktor mit einer Spiegelreflexkamera vergleichen, ist die Investition in ein gutes Handy mit einer starken Kamera meiner Meinung nach mehr wert.

4. Fotografie

Wenn du dich selbst fotografierst, ist die Vorbereitung sehr wichtig. Mit der Zeit wirst du, wie bei allem was du lernst, immer besser und schneller. Bei mir ist es so, dass ich mir im ersten Schritt überlege, wo ich das Foto mache, welche Klamotten ich anziehe, welche Posen ich verwende und für welchen Zweck die Fotografie verwendet wird.

Ein Leitspruch von mir ist, umso mehr auf dem Foto los ist, mit Personen darauf, desto schöner kann es wirken.
Hier solltest du wieder deinem Alleinstellungsmerkmal treu bleiben. Bei der Fotografie zählt testen, testen, testen. Von welchem Blickwinkel du es machst, ob du es von rechts, von links, von weiter oben oder von weiter unten machst. Ein paar hilfreiche und einfache Tipps, bekommst du von mir auf den nächsten Seiten.

Das Tageslicht

Eines der wichtigsten Punkte, die dein Foto sehr hochwertig wirken lassen, wird oft nicht beachtet. Versuche immer mit Tageslicht zu fotografieren. Nicht direkt gegen die Sonne. Sondern achte immer darauf, dass es gut hell ausgeleuchtet ist. Probiere auch hier wieder verschiedene Perspektiven aus. Ein Tipp ist, das Objekt oder die Person horizontal und im Fokus also mittig zu fotografieren. Das veranschauliche ich dir genauer beim nachfolgenden Beispiel.

Beispiel:
Melina setzt meine Tipps für die Fotos in ihrem Instagram Profil "melina.von.olnhausen" für die ersten Versuche gut um.

Vorher:
Mit einer weißen Wand im Hintergrund wirkt es leer und daher wie ich immer sage, ist "nichts los". Das Foto wirkt trist. Ebenfalls wurde es in einem dunklen Raum ohne Tageslicht geschossen, ist unscharf und unfreundlich.

Nachher:
Der Unterschied und die Wirkungsweise dieser Fotografie ist deutlich. Es ist schon wesentlich besser. Übung macht den Meister.

5. Posen und Blicke

Hole dir Inspiration von anderen Instagram Profilen, YouTube Videos von Fotografen oder nutze Google. Das Internet ist voll von tollen Ideen, die dir helfen, wie du dich vorteilhaft präsentierst, welche Posen und auch Blicke du verwenden kannst. Folgend ein paar persönliche Tipps von mir.

5.1. Kameraposition

Positioniere dich oder das Objekt, welches fotografiert werden soll mittig und bestenfalls horizontal zu deiner Kameraposition.

5.2. Körperspannung für mehr Ausdruck

Der Körperspannung sollte eine sehr hohe Aufmerksamkeit gewidmet werden. Eine elegante und schöne Pose wirkt besonders, wenn Körperspannung vorhanden ist. Dabei nicht künstlich oder zu steif zu wirken ist Übungssache.

5.3. Mehr Wirkung durch Beugung

Arme, Beine und der Kopf wirken etwas gebeugt vorteilhafter. Dabei spielt es keine Rolle, ob du stehst, sitzt oder liegst. Probiere folgendes Mal aus – hier bewehrt hat sich das Üben vor dem Spiegel. Hände in die Hüften und Ellenbogen leicht anwinkeln. Kopf ein wenig seitlich und leicht zur Seite kippen.

5.4. Dein bezauberndes Lächeln

Denke an schöne Momente, Augenblicke oder lustige Situationen. Schließe für einen Moment die Augen und öffne sie nach zirka 5 Sekunden wieder. Dein Blick wirkt danach viel frischer und entspannter. Finde dein persönliches

Lieblingslächeln. Dazu gehört ein wenig Übung. Probiere aus, mit welchem Lächeln du dich am wohlsten fühlst.

5.5. Sei du selbst und keine Kopie

Wichtig ist es, den eigenen Stil zu finden. In erster Linie sollten dir deine Bilder gefallen. Diese Liebe zum Bild, einer bestimmten Situation, einem bestimmten Ausdruck, kann andere mitreißen.

"Versuche immer mehr zu tun als andere. Ob dein Traum ein bunter Ballon mit Luft gefüllt bleibt oder mit Helium in die Höhe steigt, liegt ganz allein bei dir!"

@kathrin_benedikt

Grundsätzlich ist es sehr schön, wenn echte Personen auf den Fotos zu sehen sind. Menschen bauen zu Menschen Beziehungen auf. Damit möchte ich dich ermutigen, dass es anfänglich komisch sein könnte dich zu präsentieren. **Sei stolz auf das was du machst und nehme nur von den Personen Tipps an, die bereits diesen Weg gegangen sind.**

6. Die Bildbearbeitung

Es gibt verschiedene Bildbearbeitungsprogramme, die du verwenden kannst. Ich benutze "Lightroom"- das ist eine App, mit denen ich einfach und schnell die Fotos auf meinem Handy bearbeiten kann. Mit der Bildbearbeitungsapp „Lightroom" kannst du mit Hilfe von sogenannten Presets, das ist eine vorgegebene Bearbeitung, deine Fotos anpassen. Ich erkläre dir jetzt was Presets überhaupt sind, welche Software du dafür benötigst, was das Ganze kostet und wie du die Filter am Besten anwendest.

Presets (Templates, Looks, Filter) sind Farbfilter, die du auf deine Fotos anwenden kannst. Du kannst die Looks bei unterschiedlichen Anbietern und Plattformen downloaden und in Programme wie Photoshop oder Lightroom von Adobe installieren. Die bekannteste Methode Presets anzuwenden ist über das Programm "Lightroom", welche auch ich verwende.

Was brauchst du dafür?

Wie schon gesagt, brauchst du eine Software und dein Handy, um das Programm zu installieren. Du kannst auch deinen LapTop oder Computer benutzen. Natürlich gibt es auch unzählige Apps bei denen ihr Filter auf Bilder legen könnt, aber der professionellere und in meinen Augen einfachere Weg, ohne Qualitätsverlust ist mit dem Programm Lightroom von Adobe. Jetzt kommen deine Fotos in guter Qualität zum Einsatz. Je höher die Qualität der Bilder ist, desto besser kannst du diese bearbeiten.

Du wirst begeistert sein, wenn du siehst was alles mit dieser einfachen Bearbeitung möglich ist.

Was kann Lightroom?

Lightroom ist wie gesagt ein Bearbeitungsprogramm in dem du deine Bilder importieren, sortieren, bearbeiten exportieren und uploaden kannst. Und das alles leicht, schnell und mit allen Möglichkeiten. Lightroom ist das perfekte Programm um Bilder farblich zu verändern und in der Qualität nochmals eine Schippe drauf zu legen.

Retusche mit Facetune 2

Für die Retusche von zum Beispiel Falten, Flecken oder unreiner Haut verwende ich die App Facetune 2, welche kostenlos zur Verfügung steht. (Stand Januar 2020)

Facetune 2

Was kostet Lightroom?

Lightroom kannst du für 7 Tage kostenlos testen. Unter dem nachfolgenden Link findest du die Anleitung.

www.adobe.com/de/products/photoshop-lightroom/free-trial-download.html

Danach kannst du entweder ein Abo abschließen für ca 5 € im Monat. Diese kleine Investition lohnt sich auf jeden Fall und du wirst begeistert sein was damit alles möglich ist.

Wie bekomme ich Presets?

Presets kannst du bei verschiedenen Anbietern downloaden. Die Dateien sind nach dem Download auf deinem Handy oder Computer gesichert. Es gibt Presets von Influencern oder Fotografen für Portraits, Reisebilder, Landschaftsfotos etc.

Kosten der Presets

Die meisten Presets kosten einmalig 15-30 € und auch hier lohnt sich die Investition, da du so einen professionellen einheitlichen Feed bekommst und deine Fotos einen einzigartigen Wiedererkennungseffekt haben.

Anwendung von Presets

Nachdem du die Presets installiert hast, kannst du mit einem Klick das Preset auf das gewünschte Bild anwenden. Du wirst sofort eine Veränderung des Bildes sehen. Je nach Bedarf kannst du hier Einzelheiten anpassen. Probiert dafür einfach mal die Einstellungsebenen aus. Eine detaillierte Anleitung für die Installation ist bei dem Kauf dabei.

"Die Einfachheit der Dinge, liegt meist in der sofortigen Umsetzung."

@kathrin_benedikt

Seitdem ich Lightroom verwende, sehen meine Fotos sehr viel hochwertiger aus. Und genau dieser Wert steigert die Interaktion in Social Media.

 ❖ **Welchen Fotos schenkst du mehr Aufmerksamkeit?**

7. Die Planung mit der App "Preview"

Sehr hilfreich ist die „Preview App" beim Planen und Kreieren deines Instagram Profils. Diese App kann ich sehr empfehlen, da du hier vorab prüfen kannst, ob die Fotos, die du posten möchtest, auch mit den bisher geposteten Fotos stimmig sind.

In dieser App gibt es noch viel mehr Möglichkeiten. Jedoch benutze ich diese nur um zu sehen, wie gut meine Fotos zusammenpassen.

Persönlicher Tipp

Mit dem Planungstool von „Hootsuite", das ist eine Social-Media-Verwaltungsplattform, kann man Beiträge für Instagram und Facebook vorplanen. Die Benutzeroberfläche des Systems hat die Form eines Dashboards und unterstützt die Integration sozialer Netzwerke für Facebook, Instagram, Twitter, LinkedIn, Google+ und YouTube.

7.1. Alles auf einen Blick mit deinem Business Profil

Mit wenigen Klicks kannst du deinen bestehenden Instagram Account in einen Business Account umwandeln.

Vorteile sind, dass du Statistiken zur Reichweite der geposteten Fotos abrufen kannst. Hier gibt es nicht nur eine Übersicht der Bilder mit den meisten Likes. Sondern es gibt auch die Interaktionen, Reichweite, Impressionen und Kommentare wieder, die mit einem Klick gefunden werden.

Du kannst sehen, was deine Follower am meisten interessiert. So kannst du dein Instagram-Account auf die Zielgruppe noch genauer ausrichten.

Du hast eine bessere Erreichbarkeit durch die möglichen Kontakt-Buttons. Du kannst deine Telefonnumer, eine E-Mail-Adresse oder einen Standort hinterlegen und so die Kommunikation mit den Kunden erleichtern.

Der Instagram Business Account ist ein starkes Analyse-Tool, welches ich immer empfehle.

7.2. Der erste Eindruck - Deine Biografie

Hole dir für deine Biografie Beschreibung in Instagram Ideen von anderen Profilen und passe deine Biografie ansprechend an. Du kannst deine Biografie auch nach und nach verändern.

Kathrin Benedikt
Person des öffentlichen Lebens
● w o m a n i n r e d ●
KaBe Media GmbH
Online Marketing Consulting
☆ ☆ ☆ ☆ ☆
📖 Mein Buch „5 Schritte zu einer erfolgreichen Social Media Strategie"
www.kathrin-benedikt.de/
Südliche Münchner Straße 55, Grünwald, Bayern

Linktree

Wenn du mehrere Verlinkungen hast, auf die du deine Follower aufmerksam machen möchtest, wie zum Beispiel auf deine Homepage, auf einen Blogbeitrag oder auf eine ganz bestimmte Webseite, kannst du beispielsweise in der kostenlosen Version „Linktree" verwenden. „Linktree" ist ein Tool, das eine separate Landingpage generiert, auf der du mehrere Links hinterlegen kannst.

7.3. Deine Instagram Postings

Du wählst zunächst ein Foto in der Instagram App aus, welches du teilen möchtest. Im ersten Schritt gibt es im unteren Bereich die Möglichkeiten die Größe des Bildes anzupassen, ein Boomerang Video zu kreieren, mehrere Fotos nahtlos aufzunehmen oder mehrere Fotos zu teilen.

Das Layout

Im zweiten Schritt "Layout" kannst du dein Foto mit vorgegebenen Filter Auswahlmöglichkeiten von Instagram bearbeiten. Da du für die einheitliche Bearbeitung bereits Lightroom verwendet hast, musst du hier nichts weiter machen.

Der Text

Im letzten Schritt kommt unter anderem der Text mit Hashtags, welcher ebenfalls ausschlaggebend für die Interaktion ist.

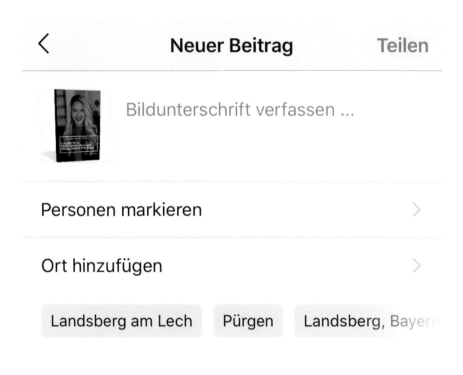

* Was möchtest du deiner Zielgruppe mitteilen?
* Was kannst du über das Foto sagen?
* Welche Handlungen soll deine Zielgruppe vornehmen?

Wichtig ist es hierbei Emoticons zu benutzen um den Text aufzulockern und dein Posting auffallender zu gestalten. Ebenso die Verlinkungen von Personen, die eventuell mit auf dem Foto zu sehen sind und die Standort Verlinkungen nutzt.

Insights ansehen — Erneut hervorheben

Insights ansehen — Hervorheben

Gefällt **mingara86** und **Tausenden weiteren Personen**

Gefällt **mingara86** und **Tausenden weiteren Personen**

kathrin_benedikt Jambo 👒 😎 Die ersten Tage in Kenia 🇰🇪 waren hervorragend und super entspannt. Wir haben den Ort Watamu erkundigt und machen die nächste Zeit den Diani Beach unsicher. 😊

.

Warst du schon mal in Kenia? 😊
Irgendwelche Tipps? 😍 🇰🇪

.

#travel #kenya #adventure #holiday #travelphotography #travelgram #vacation #instatravel #travelling #travelblogger #traveling #traveler #traveller #photography
Werbung da Markennennung

kathrin_benedikt Die besten Dinge verdanken wir dem Zufall. 🖤

Gerade sortiere ich noch Fotos von dem wundervollen Jahr 2019! Tolle Begegnungen mit so besonderen Menschen. Ein absolutes Highlight hatte ich in der Weihnachtszeit. #magie 😍

.

😍 Was war dein Highlight 2019?

.

#magicmomentsdeluxe #liebicheinfach #perfektastisch #winterwonderland #smile #happylife #füssen #mountains
Werbung da Markennennung

Werbung da Markennennung

Wenn du eine Marke nennst oder zeigst, wie etwa bei einem Foto, das vor einem H&M Store aufgenommen wurde oder du mit einer „H&M" Tüte postest, unbedingt immer den Satz „Werbung da Markennennung" unter deinen Text setzen.

Die Hashtags

Generell ist es im Text möglich 30 Hashtags zu verwenden. Diesen Wert solltest du auf keinen Fall ausschöpfen und daher lege dich auf 15 Hashtags fest. Wähle spezifische Hashtags, die zu deinem Foto passen. Ich empfehle bisher die Nutzung einer hohen Anzahl an Hashtags. Denn mit jedem Hashtag erweiterst du deine potentielle Reichweite. Insbesondere seit Nutzer Hashtags abonnieren können, kann sich jedes Hashtag auf die Sichtbarkeit auswirken. Zwischen den einzelnen # Hashtags ein Leerzeichen verwenden.

Zum Schluss und letzten Schritt deiner Posting Vorbereitung, ist das Teilen in Facebook. Sobald deine Facebook und Instagram Konten miteinander verknüpft sind, kannst du dein Foto automatisch in Facebook teilen.

"Nur wer jeden Tag besser werden möchte, ist schon jetzt ein Gewinner."

@kathrin_benedikt

7.4. Deine Instagram Stories und Live- Streams

Stories aufzunehmen oder LIVE Aufnahmen zu machen ist für die meisten Menschen eine schlimme Vorstellung. Ich kann mich noch ganz genau an mein erstes Video erinnern. Ich war steif vor der Kamera gestanden und habe nur meinen Mund bewegt ohne emotionalen Ausdruck.

Vor der Kamera zu sprechen, heißt üben, üben und authentisch sein. Probiere Videos zu drehen, während du sitzt oder läufst. Wenn ich Stories drehe, versuche ich so zu sprechen wie mit einer Freundin.

Ich bin davon überzeugt, dass du durch deine Persönlichkeit viel schneller Vertrauen gewinnst, Sympathie aufbaust und auch Kauflust in der großen online Welt weckst.

Wie kannst du das besser als durch Videos zeigen...

* ❖ **Wer du bist!**
* ❖ **Was du denkst und fühlst!**
* ❖ **Wie du arbeitest!**
* ❖ **Warum du das tust!**

Erzähle persönliche Dinge, lasse die Menschen an deinem Alltag teilhaben. Überlege, was dich interessiert und welche Stories du gerne ansiehst.

Persönlicher Tipp

Wenn du nicht weißt, was du vor der Kamera erzählen sollst, habe ich einige tolle Ideen für dich gesammelt.

1. Erzähle, was deine Fans erwarten können.
2. Erzähle, warum du dich selbstständig gemacht hast.
3. Beantworte Fragen deiner Kunden.
4. Berichte über ein Event, an dem du teilgenommen hast.
5. Erzähle, warum kooperieren besser ist als konkurrieren.
6. Erzähle, welches Buch du gerade liest und welche Erkenntnisse du für dich mitnehmen konntest.
7. Berichte über dein Highlight des Monats.
8. Mache ein Interview mit einem deiner Kunden.
9. Gebe 5 lustige Sachen über dich bekannt.
10. Stelle ein Tool vor, welches du neu für dich nutzt.
11. Gebe einen Einblick in deinen Arbeitsplatz.
12. Welches deiner Ziele hast du vor Kurzem erreicht?
13. Gib einen Rückblick auf dein vergangenes Jahr.
14. Erzähle, was dich an einem schlechten Tag motiviert.
15. Erzähle, von einem Fehler den du gemacht hast.
16. Stelle dein Vorbild vor und die Inspiration.
17. Beantworte Fragen zu deinem Produkt.
18. Gebe einen Einblick in deinen Alltag oder Freizeit.
19. Zeige dein Bücherregal und deine Empfehlungen.
20. 5 Tipps zum Relaxen.

- **Markiere den Standort** bei deinen Stories. Wie auch bei den Postings kann es sein, dass du bei vor allem öffentlichen Orten mehr Zuschauer erreichst.

- **Interagiere mit den Menschen**, die dir folgen. Mache eine Umfrage, verwende GIF's oder benutze die Funktion "Stelle mir eine Frage". Teste einfach mal alle Funktionen in der Instagram App.

- **Vergebe in den Stories mit der Funktion Text hinzufügen Hashtags**, die dazu passen. Ich verwende persönlich #business und #motivation und habe dadurch mehr Zuschauer.

Persönlicher Tipp
Wenn du deine Stories oder Videos in einer hohen Qualität haben möchtest, gibt es eine sehr hilfreiche App die "InShot" heißt. Du kannst die Schärfe, den Kontrast und die Helligkeit einstellen. Damit kannst du deine Videos sehr hochwertig gestalten.

"Es wird dir keiner den Zuspruch geben den du brauchst, außer du dir selbst!"

@kathrin_benedikt

SCHRITT 5

KOOPERATIONEN

KEINER ALLEIN IST SO KLUG WIE WIR ALLE

"Wir suchen oft den magischen Schlüssel zum Erfolg, bis wir bemerken, dass er bereits steckt!"

@kathrin_benedikt

Eine wundervolle Art und Weise selbst zu wachsen und anderen dabei zu helfen, ist die Zusammenarbeit zwischen zwei Parteien. Ein weiterer magischer Schlüssel.

Wenn sich Kooperationen ergeben, stelle ich mir immer diese Fragen:

❖ **Wie erschaffe ich für beide Seiten eine Win-Win Situation?**

* Wie können von einer Kooperation zu 100% beide Seiten profitieren?
* Welche Schritte sind notwendig beide Seiten am Ende zufrieden zu stellen?
* Wie ist die Zusammenarbeit langfristig möglich?

Oft wollen wir an erster Stelle, das wir erst mit unserem Anliegen verstanden werden anstatt die andere Partei erstmals zu verstehen. Diese Denkweise mit den oben genannten Fragen hat mir die erfolgreichsten Kooperationen und Kunden gebracht.

Anhand deiner anfänglichen Recherche für die Zielgruppe über Google, Answer the public oder einfach in den Social Media Kanälen kannst du ebenfalls herausfinden, welche Kooperationen bzw. Firmen zu dir passen und mit wem du dir eine Zusammenarbeit vorstellen könntest.

Noch dazu kannst du auf Veranstaltungen gehen um dort Kontakte zu knüpfen, andere Menschen aus der gleichen Branche anschreiben. Ein Interview anfragen oder vielleicht sogar Stories oder eine Engagement Gruppe zusammen machen.

Du kannst dir überlegen, ob Influencer Marketing für dein Produkt sinnvoll wäre. In diesem Fall kannst du Influencer anschreiben und fragen ob sie dein Produkt testen möchten und in diesem Zuge eine Kooperation starten.

Meine persönliche Erfahrung zeigt, dass wir durch gegenseitige Unterstützung viel schneller an das gewünschte Ziel kommen als alleine. Es ist genug von allem da.

MEIN SCHLUSSWORT

Ich hoffe von ganzem Herzen, dass du viele Ideen mitnehmen konntest und bereits voll in der Umsetzung bist. Meistens ist es ja so, dass es in der Theorie einfacher ist als in der Praxis.

Nehme das Buch als deinen täglichen Begleiter und frische die Lektionen immer wieder auf. Jeder Schritt ist wichtig und auch jeder vermeintliche Misserfolg. Wenn du die Fehler nimmst um daraus zu lernen, ist dies die beste Voraussetzung für deinen persönlichen Erfolgsweg.

Von ganzem Herzen wünsche ich dir alles erdenklich Gute für dein Leben und vergiss nie, dass du nur dieses Leben hast. Fange Feuer und brenne für das was du tust. Entscheide dich ein Pony Reiter zu sein und die Zügel deines Lebens selbst in die Hand zu nehmen.

"Nur wer selbst brennt, für das was er tut, kann die Leidenschaft in anderen entfachen!"

ANMERKUNGEN

1. Fotografien Cover, Seite 9: Salome Sommer | www.salomesommer.com
2. Seite 13: Firma Sleeperoo | www.sleeperoo.de
3. Seite 22-26 | www.hootsuite.com
Quelle: https://blog.hootsuite.com/de/social-media-statistiken-2019-in-deutschland/
4. Seite 56: MeisterTask | www.meistertask.com
5. Seite 62-63 | www.hootsuite.com
Quelle: https://blog.hootsuite.com/de/social-media-statistiken-2019-in-deutschland/
6. Seite 64: Bild, www.answerthepublic.com
7. Seite 65: Bild, Instagram Profil: piterskii_punk
8. Seite 79: Erklärung zu Corporate Identity | Wikipedia
9. Seite 82: Empfehlung Logoerstellung: www.fiverr.com
10. Seite 86: Ibrahim Karakoc | www.ibrahimkarakoc.de
11. Seite 96-97: www.hootsuite.com
(Quelle: https://blog.hootsuite.com/de/social-media-statistiken-2019-in-deutschland/)
12. Seite 102-103: www.millionfriends.de
13. Seite 104-105: www.dirndl-liebe.de
14. Seite 106-107: www.parfuemerie-wiedemann.de
15. Seite 108-110: Facebook | www.facebook.com/business/insights/tools/audience-insights?ref=ens_rdr
16. Seite 116-118: Lightroom | www.adobe.com/de/products/photoshop-lightroom/free-trial-download.html
17. Seite 117: App Facetune 2
18. Seite 122: App Preview
19. Seite 122: Hootsuite | www.hootsuite.com
20. Seite 123-132: Instagram | www.instagram.com
21. Seite 143: Buchempfehlung Bodo Schäfer | www.bodoschaefer-akademie.de
22. Seite 144: Buchempfehlung Julien Backhaus
23. Seite 145: Buchempfehlung Stephen R. Covey

In diesem Buch werden Unternehmen, Seiten und Quellen genannt, die aus meiner persönlichen Empfehlung resultieren und unbezahlte Werbung ist. Daher muss ich das Buch als Werbung kennzeichnen, was ich hiermit mache.

BUCHEMPFEHLUNGEN

BODO SCHÄFER | DIE GESETZE DER GEWINNER

Dieses Buch ist eine Abkürzung zu persönlichem Erfolg und Reichtum: Bodo Schäfer liefert Ihnen die 30 erprobten Gesetze der Gewinner – kompakt, leicht verständlich und unterhaltsam geschrieben. Sie erfahren die entscheidenden Strategien, mit denen Sie in allen Lebensbereichen ehrgeizige Ziele erreichen.

JULIEN BACKHAUS | EGO

In seinem neuen Buch gibt der Autor Julien Backhaus einen umfangreichen Ausblick auf viele Bereiche des Lebens und erklärt, wie man gut mit sich selbst umgeht, eine bessere Partnerschaft führt, mehr Geld im Job verdient und ein gesundes Umfeld pflegt. Außerdem spickt er seine Thesen mit allerlei prominenten Zitaten – vom Dalai Lama bis hin zu Karl Lagerfeld...

STEPHEN R. COVEY | DIE 7 WEGE ZUR EFFEKTIVITÄT

Covey macht in "Die 7 Wege zur Effektivität" auf die Auseinandersetzung von innen nach außen aufmerksam. Denn er hat festgestellt, dass Menschen, die trotz äußerlich großer Erfolge, mitunter innerlich unbefriedigt sind. Sie sehnen sich nach persönlicher Ausgeglichenheit und wachsenden Beziehungen zu anderen...

Printed in Poland
by Amazon Fulfillment
Poland Sp. z o.o., Wrocław

57219317R00086